デキル経営者だけが知っている

改訂版

"稼ぐ"コインランドリー経営

鈴木 衛
SUZUKI MAMORU

幻冬舎
MC

改訂版
デキル経営者だけが知っている
〝稼ぐ〟コインランドリー経営

はじめに

多くの経営者が、さまざまな夢や希望を抱いて起業する。しかし、経営の現実は厳しい。

東京商工リサーチによると、中小企業の倒産件数はこの10年で年間平均約8000社、休廃業・解散件数の推移はこの5年間で4万件以上にも及ぶ。

もちろん、経営者たちも努力はしているはずだ。しかし、その努力が必ずしも報われていないことをこのデータが物語っている。

かつて、アメリカのカリフォルニア州サクラメントで、ゴールドラッシュが起こったことは、誰でも聞いたことがあるだろう。1848年に、このエリアで金が見つかったことが公開されると、金を掘り当てるために、たくさんの人が押し寄せた。もともと2万人にも満たない程度だった町の人口は、翌年1849年には10万人、1860年には38万人となった。

しかし、この押し寄せた人たちの中で、本当にカネを手にしたのは、金を掘った人たちではなく、金を掘ることに奔走している人たちに、破れにくい作業着を提供した人間だった。

それが、リーバイ・ストラウス。デニムメーカー・リーバイスの創業者だ。

現代においても、レッドオーシャンと呼ばれる競争が激しい業界で、いくら必死に頑張っても価格競争に巻き込まれ、利益が出せず、消えていく会社がたくさんある。ビジネスは、できればレッドオーシャンではなく、成長産業や未開拓産業であるブルーオーシャンで勝負したいものだ。しかし、そんなに簡単にはいかない。簡単に見つかり、誰にでもできるのであれば、それはすぐにブルーオーシャンではなくなるからだ。

　私は大学を卒業後、税理士事務所に8年間勤務した。その後、幅広い経営の知識を習得するためにＭＢＡを取得し、30歳の時に中小企業の経営コンサルティングを行う会社を設立した。以来22年間で１０００社を超える会社に携わってきた。現在でも新規創業や新事業進出の相談に、年間50件以上のっている。

　数多くの経営者たちからさまざまな悩みを聞き、経営の現場で起こっていることもたくさん見てきた。私に相談が来た時には、すでに手遅れで会社が目の前で破綻していくのも、何度も目の当たりにしている。その時に経営者や経営者の家族、社員の身に起こることは、世の中が思うより大変だ。

　ある社長は、20年以上真面目にサラリーマンとして働き、コツコツと貯めた金を元手に、45歳の時、長年の夢だった独立起業を果たした。それから会社は順調に業績を伸ばし、12年目を迎えた時のことである。創業時から取引をしている大口の売上先が、突然破綻したのである。かなりの額の売掛金が貸し倒れになり、その年に大きな赤字を計上した。貸し倒れが起こったうえに、大口の取引先もなくなったことで、資金は3カ月で底をついた。銀行からは新たな融資は受けられず、借入返済、仕入れ代金、従業員の給与が支払えなくなり、貸し倒れ発生から6カ月後に破綻した。

毎日のように督促の手紙が届き、督促の電話が鳴る。弁護士に相談して破産手続きに入りたくても破産にかかる資金がない。社長の娘は入学したばかりの大学を辞め働きに出た。自宅はなくなり、その後社長は、25年連れ添った奥さんと離婚をした。

こんな事例を、これまで嫌というほど見てきた。

また、2008年9月のリーマンショックの時には、多くの顧問先があおりを受けて業績不振に陥り、毎月数件の改善計画（銀行融資の返済をリスケする計画書）を作成していた。

私はその作成をしている間、顧問先の売上を、上げてあげられないのが悔しくて仕方がなかった。そこで、2010年5月に、顧問先と顧問先のビジネスマッチングを行う株式会社ジーアイビーを立ち上げた。しかし、マッチングでうまくいく会社は数社で、一部の顧問先に限られた。

どうしたら会社経営を安定させることができるのか。それには、レッドオーシャンではない業界へ進出し、事業の多角化を図るしかないのか。

しかし、新たな市場への参入や新規事業のスタートには課題がある。

ここ最近の中小企業白書によると、新規事業に挑戦した企業は、必要な技術やノウハウを持つ人材が足りないことや、市場のニーズが把握できないといった課題を挙げている。

実際に新規事業の立ち上げは「1000に3つしか成功しない」「9割は失敗する」

とささやかれるほど難しく、中小企業にとっては大きな挑戦となる。

頑張っている経営者たちに、リスクが低く良いビジネスモデルがないかと考え、私の知り得るビジネスをいろいろな角度から検証した。

その結果たどり着いたのが、新規事業としての「コインランドリー経営」である。

これまで儲かることをあまり知られることもなく、現金商売で不動産のような資産形成型ビジネスだ。矢野経済研究所の「生活支援サービスに関する消費者調査2020」によると、いまだ日本での定期的な利用率は、全世帯の1・9％とマーケットが成熟していないブルーオーシャンビジネス。そのうえ、依然としてマーケティング戦略が進んでいない業界。

私はこのコインランドリー経営に大きなポテンシャルを感じ、新たなビジネスモデルを創ろうと考えた。

集客しやすい場所の条件、開業後の運営支援などをパッケージ化し、いわゆるフランチャイズの仕組みで提供する。

フランチャイズ事業による経営の多角化が、既存の事業の不安定性や伸び悩むリスク対策にもなる。

本書は、その内容を経営コンサルタントの目線から具体的に紹介するものだ。

第1章
短命化する事業のライフサイクル――中小企業が生き残るには「事業の多角化」がカギ！

第2章

ヒトとコストをかけずに金を生み出す。新たな事業は「コインランドリー」を選択せよ

第3章

最強の立地「商業施設」へ出店せよ！確実に収益を上げるコインランドリービジネス

第4章 経営者の人生設計に合わせて考える「コインランドリー経営」の出口戦略

第5章 コインランドリービジネスは中小企業の経営基盤を盤石にする

第1章

短命化する事業のライフサイクル――
中小企業が生き残るには
「事業の多角化」がカギ！

倒産は人ごとではない

東京商工リサーチの調査によると、2023年に倒産した会社の平均寿命は23・1年だ。

あくまでも平均値なので、1年で潰れる会社があれば100年以上続く老舗もあるわけだが、20年ちょっとという寿命を短く感じる人は多いのではないか。

22歳で入社する会社員であれば、45歳で会社がなくなってしまう。

上場企業のように比較的体力がある会社であれば、潰れないと思われがちだが、実際には結構簡単に潰れる。リーマンショックが起きた年（2008年）には40社以上の上場企業が倒産した。

しかも、国内にある上場企業は、全企業の1%未満に過ぎず、ほとんどの会社は体

倒産企業の平均寿命と業歴別件数の構成比推移

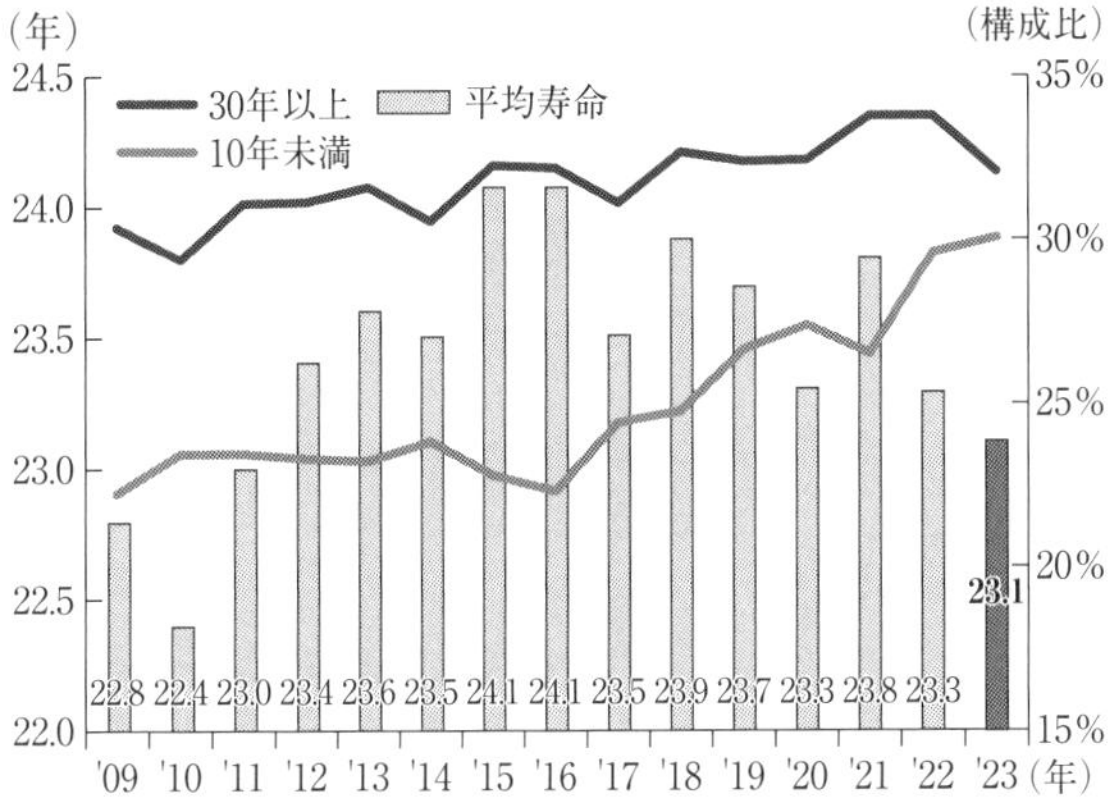

※倒産した企業のうち、業歴が判明した企業をもとに算出した

出典：東京商工リサーチ「2023年倒産企業の「平均寿命」調査」

企業倒産年次推移

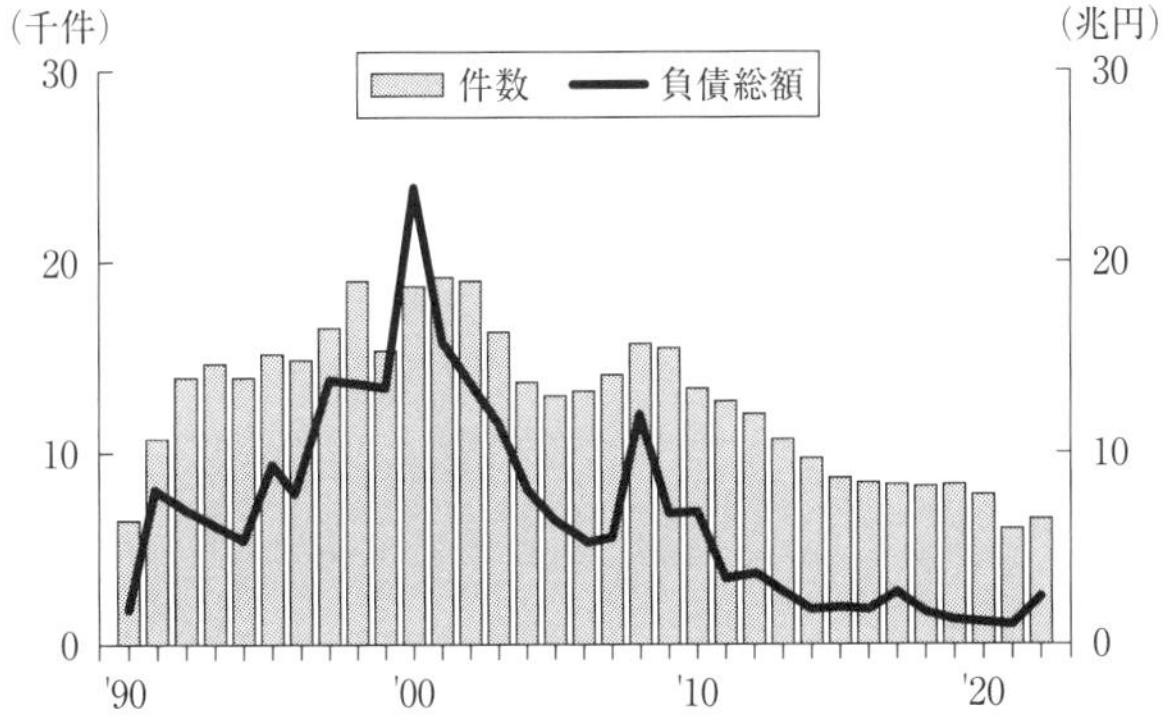

出典：東京商工リサーチ「全国企業倒産状況」

力がない中小企業だ。

企業規模が小さくなるほど景気の影響も受けやすくなり、中小企業は毎年8000社以上が倒産している。

これが会社経営の現実である。

中小企業にとって、倒産や廃業は決して縁遠いものではないのだ。

「人」の採用と教育が課題

では、なぜ経営が行き詰まるのだろうか。

私はコンサルタントの仕事を通じて、さまざまな会社の倒産を見てきた。また追い詰められた会社もたくさん復活させてきた。

その経験から、会社を倒産に追いやる大きな原因は3つあると思う。

1つ目は、人の問題だ。つまり、会社経営の属人的不安定性である。

この人の問題は、直接打撃を受けるものではないが、中小企業が安定的な経営を確立するために非常に重要なポイントだ。

「採用は難しい」「人を育てるのは大変」「一人前になると独立していってしまう」ほとんどの経営者がそのように感じた経験を持っていることだろう。

その中でも、中小企業を取り巻く環境は非常に厳しい。

雇用状況を例に挙げると、昨今の人口減少と緩やかな景気回復などの影響もあって、企業の求人倍率はバブル期の最高値を上回るまでになっている。求人倍率の平均は1・7倍ほどだ。

ところがここに大手企業と中小企業の差がある。従業員5000人以上の大手企業では大卒求人倍率が下がり、大手企業への就職を狙う学生は依然として厳しい状況におかれている。

従業員規模別求人倍率の推移

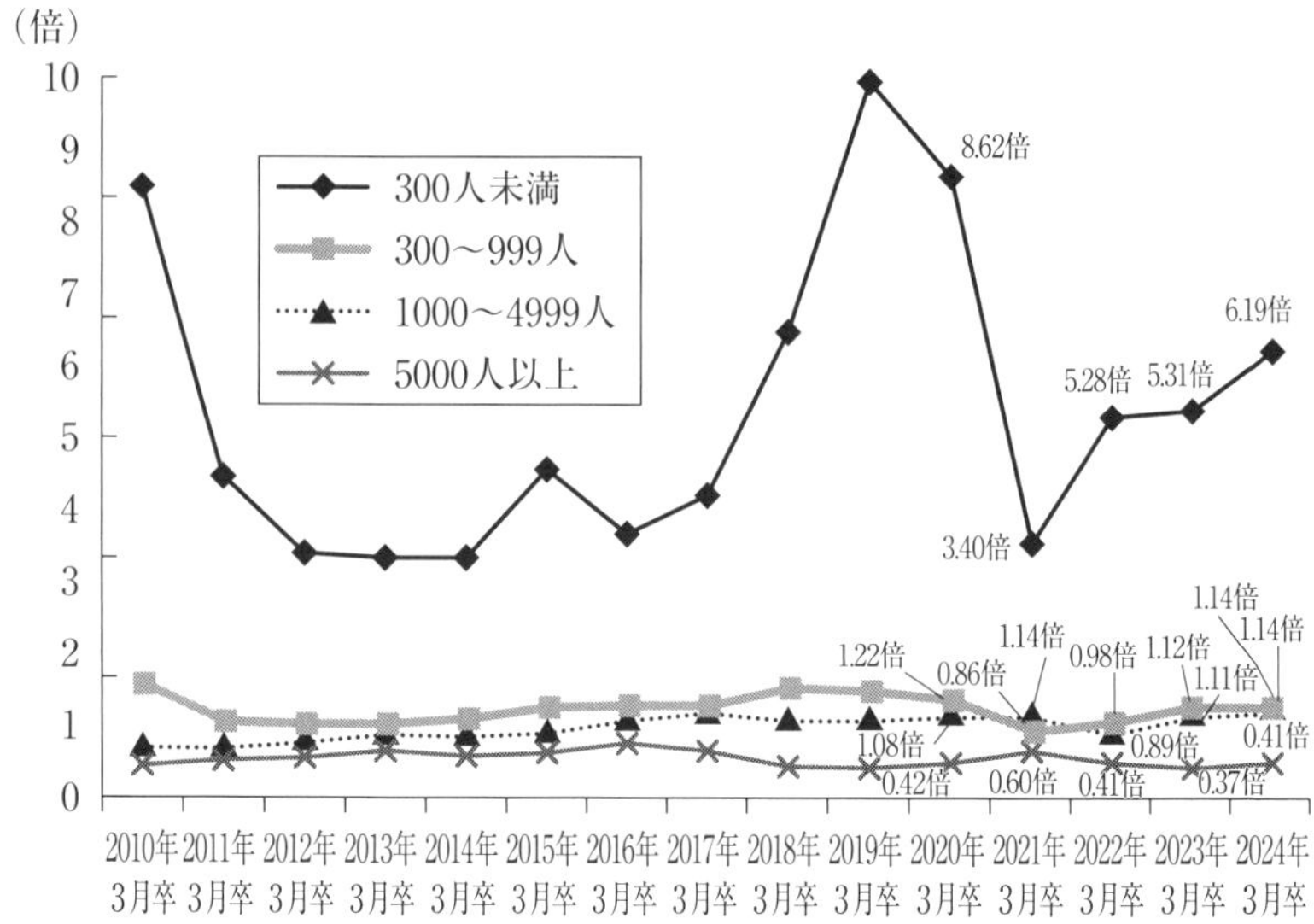

出典：株式会社リクルート「第40回ワークス大卒求人倍率調査」（2024年卒）

一方、従業員３００人未満の中小企業はどうか。大手企業とは対照的に人手不足が深刻化し、２０１９年には求人倍率が10倍近くまで跳ね上がっている。これは過去最高の数値で、前代未聞の厳しい状況ということを表している。このあと、コロナ禍をきっかけに急激に落ちこんだが、最近は回復傾向にあり、依然として高い値を出している。

また、仮にうまく人を雇えたとしても、その先には教育の問題がある。従業員を成長させるために、資金的に余裕のない中小企業が社員教育に十分な投資をできるだろうか。十分にできていると断言できる中小企業経営者はおそらくほとんどいないだろう。

教育の仕組み化が進んでおらず、業務に余裕のない中小企業が求める人材は、すぐに現場で活躍できる即戦力である。そのためほとんどが中途採用となる。

しかし、ある人材サービスの会社の情報によれば、転職希望者の半数以上は、一つの会社にとどまらない流動的転職組で、自分がうまくいかないのは会社のせいと考える他責の意識が強い人たちが流動しているという。もちろん、中には素晴らしい人材を中途で雇用することも可能かもしれないが、会社を成長させたいのであれば新卒者を採れというのもうなずける。

スキルやノウハウの属人化

労働市場の変化は今後も中小企業の向かい風になるだろう。

サービス業、接客業、製造業など、人の力が不可欠な業種は特に影響を受ける。マンパワーに頼らず、果たしてこのまま経営を続けられるだろうか。

それ以外の業種も決して安泰ではない。例えば、営業職などは、経験、スキル、ノウハウ、人脈などが個人に蓄積される。

稼ぎ頭の営業マンが辞めたらどうなるか。

頭数の少ない中小企業にとって、次の戦力となる人材が育っていなければ経営状態は急激に悪化するだろう。

業界を問わず、どんな会社もスキルなどの属人化によって経営が立ち行かなくなるリスクを抱えているのだ。

経営方針や営業戦略の立て方などが仕組み化されておらず、資金と情報の少ない中小企業は、経営そのものが属人化しているといえるだろう。社長は経営だけではなく、営業本部長・経理部長・人事部長を兼任していることが多い。会社が仕組み化されていないため、社長や各部署の責任者に成果が委ねられる。

また、経済産業省のレポートによると、社長が60歳以上の中小企業のうち、3分の1の会社は後継者が決まっていない状態なのだという。仮に黒字経営だったとしても、次を引き継ぐ人がいなければ廃業せざるを得ない。

属人化は、目先の話として経営が傾く要因であり、長期的には会社の存続を危機にさらす。

何かしらの対策をしない限り、自分、家族、従業員、従業員の家族にとって生活の基盤ともいえる会社を守っていくことはできないのだ。

設備投資は大きなリスク

人手不足や属人化を防ぐ方法がないわけではない。

例えば、機械化である。全ての業務を機械化できないにしても、人の業務を減らせば人手不足は解消できる。

製造や流通の現場ならＩｏＴの導入で生産性を高められるだろうし、それ以外の細かな業務も、ＩＴ活用やＡＩの導入によって人がやってきた仕事を機械に任せられる。

しかし、問題もある。まず、設備などへの投資は決して安くない。ＩＴ関連の投資についても、大手企業では導入率も投資額も右肩上がりに増えているが、中小企業はほぼ横ばいだ。

また、投資による効果が中小企業のような少人数では発揮されにくく、投資自体が見合わないことが多い。

そう考えて二の足を踏む経営者は多い。意を決して機械化やＩＴ化に取り組んだ結果、成果が出ずに無駄な投資に終わるケースがある。

私の顧問先でもＩＴ化のために２０００万円の投資をしたが、３カ月後にこのシステム運用責任者が辞めてしまった。以来3年経った今でも、このシステムは眠ったままでいる。

属人化に関しては、一般的には仕事の進め方を標準化したり、顧客の情報などを共有する仕組みを作ったりすることによって防ぐことができる。

しかし、これも大手企業向けの対策であって、中小企業の実態にはそぐわない。ギリギリの人数で仕事を回している中で、誰が標準化の作業をするのか。

また、人が足りていない業務や、誰かが辞めたあとの穴埋めを、会社全員でカバーしているのが中小企業の実態だ。

私が見てきた会社でも、社長自らが現場を駆けずり回っているところがほとんどであった。その結果、経営戦略を立てる、ビジョンを作るといった経営者の本来の仕事に手が回らなくなる。会社としてどこに向かうか分からなくなり、ただやみくもに営業するだけの会社となり、土台から経営がぐらつくことも少なくないのだ。

貸し倒れによって一気に経営がぐらつく

経営に行き詰まる2つ目の理由は、資金である。

お金関連の問題は売上不振や債務超過などさまざまなものがあるが、その中でも私が重要だと思うのは貸し倒れだ。私も残念ながら年間数件の倒産の処理をするが、それらの会社の半数が貸し倒れによる連鎖倒産に該当する。

貸し倒れは、売掛金が回収不能になることによって発生するが、売掛金による取引を行っている中小企業は6人以上の会社の約98％である。

この比率は、大手企業と中小企業でほとんど変わらない。

しかし、売掛金が貸し倒れになったときの影響は天と地ほど変わる。

大手企業であれば、多少の貸し倒れが発生したとしても体力があるため吸収できる。しかし、資本力が弱い中小企業にとっては死活問題になる。目先の運転資金に回そうと思っていたお金が貸し倒れになることで、一発で倒産まで追いやられることがある。

実際、私が顧問をしている会社がそうだった。

その会社は売上規模が5億円で、5000万円の貸し倒れが発生した。5000万円の貸し倒れは、売上が5000万円なくなるということではない。5000万円の利益を失うということだ。大企業ならともかく、中小企業の多くはこの規模のダメージに耐えられない。

また、貸し倒れによって現金が入金されない一方、仕入れ代金は支払わなければならない。この会社の場合は4500万円だった。

年間売上が5億円、粗利益5000万円のうち4500万円が一瞬で消し飛び、4000万円の赤字を計上した。これまでの業績からすると回収するのに8年かかる計算になる。

この会社も、たった一発の貸し倒れによりキャッシュが回らなくなり、銀行が手を引いて倒産間際まで追いやられることになった。

不良在庫によって利益は消える

決算書上、利益が1000万円出ている会社がある。当然利益が出ているから税金を納める。しかし不良在庫があれば、それは潜伏した損失である。

この不良在庫を表面化させて大きな赤字を計上すれば、銀行の資金調達に多大なる影響を及ぼすため、処分しないで保有している会社も少なくない。また、これは粉飾決算にも該当しないため、基本的には合法であり、会社側がこの在庫はもう売れないと判断して廃棄するか、たたき売りするまで潜伏した損失は表面化しない。

また、この不良在庫は、銀行からの借り入れで保有していることが多く、この在庫を保有するために銀行から借り入れをしてその利息を払うこととなる。また保管場所のコストもかかってくる。これらが膨らみすぎると、運転資金の融資枠を侵食し、調達が厳しくなり資金繰りが悪化する。

資金繰りという点から見ると、在庫も売掛金と同じくらい経営をぐらつかせる要因になるのだ。

また、不良在庫は粗利益率にも大きな影響を及ぼす。

私の顧問先で江戸前寿司の店舗がある。通常の飲食店であれば、原価率は25％程度。

しかしこの店は原価率55％を超えていた。原因は、客の入りを多く見込んでたくさんの仕入れをしたが、結果客入りは微妙で日持ちのしない魚などの高級食材が廃棄されていたのである。売上を見込んでの仕入れがいかに難しいかの、典型例だろう。

また、衣料品販売店の仕入れも難しい。シーズンによって服の種類は変わるし、サイズの取り扱いや流行も影響する。いかに売上を正確に見込むか、仕入れが利益に大きな影響を及ぼす業界であるため、ある程度の利益率がなければ、利益を出していくのは非常に難しい。

ビジネスモデルが時代や市場のニーズとマッチしない

経営に行き詰まる3つ目の理由は、事業内容やビジネスモデルが時代や市場のニーズとマッチしないことである。

労働市場の変化も早いが、消費市場の変化はもっと早い。

消費者側の変化は、分かりやすくいえば生活環境とライフスタイルの変化だ。

例えば、共働き夫婦の増加、未婚率の上昇、子どもを持たない夫婦の増加、働く高齢者の増加といった変化により、暮らし方が変わり、ニーズが多様化している。

このような環境を生き抜いていくためには、流行《はや》りや時流をとらえた新しい商品やサービスを生み出していく必要がある。

世の中では常に何かしらブームが起きている。流行りのスイーツを売る、立ち飲み屋を作る、注目されている健康食品を売る、ニーズの先取りとアイデアや行動力があれば変化の荒波を乗りこなせるかもしれない。

しかし、ビジネスの寿命が短い。

また、ヒット商品は「作ろう」と思って作れるものではない。新商品開発の難易度は高く場当たり的なアイデアで稼げるほど簡単ではない。

仮に売れる商品やサービスができたとしても、ブームのあとは価格競争に巻き込まれ、高付加価値を追求するあまり利益が出なくなる。特に昨今のように変化のスピードが速い時代では、売れ筋だったヒット商品がすぐに死に筋になる。流行に追いついたと思ったときには、すでに次の流行がスタートしている。ブームの期間が短いほど商品やサービスの開発にかけたお金が回収しづらくなる。

慢性的な経営不振に陥っている会社は、この変化に対応できていないケースが多い。変化に気がついていないか、気がついているけれどスピードが速すぎて対応できないか、流行を意識した商品が出来上がる前に、流行が変わり、不良在庫を抱えてしまうのだ。

1万円の商品を1万5000円で売れるか

ニーズが多様化する一方で、市場そのものが縮小していく場合もある。

市場が拡大しているなら、競合とともに売上を伸ばしていける。市場規模が変わらない場合も、やりようによっては競合とのシェア争いに勝ち、売上を伸ばせるかもしれない。

しかし、自分や競合が利益を得ている市場が縮小した場合、勝ち残ったとしても売上は減る。利益が減り、経営が苦しくなり、倒産に追い込まれる可能性が高くなる。

分かりやすい例が日本の人口減少による市場の縮小である。

内閣府の統計によると、2024年6月時点の日本の人口は1億2400万人ほどだ。

しかし、2040年頃には1億1000万人前後まで減り、その30年後の2070年

日本の年齢階層別将来人口推計

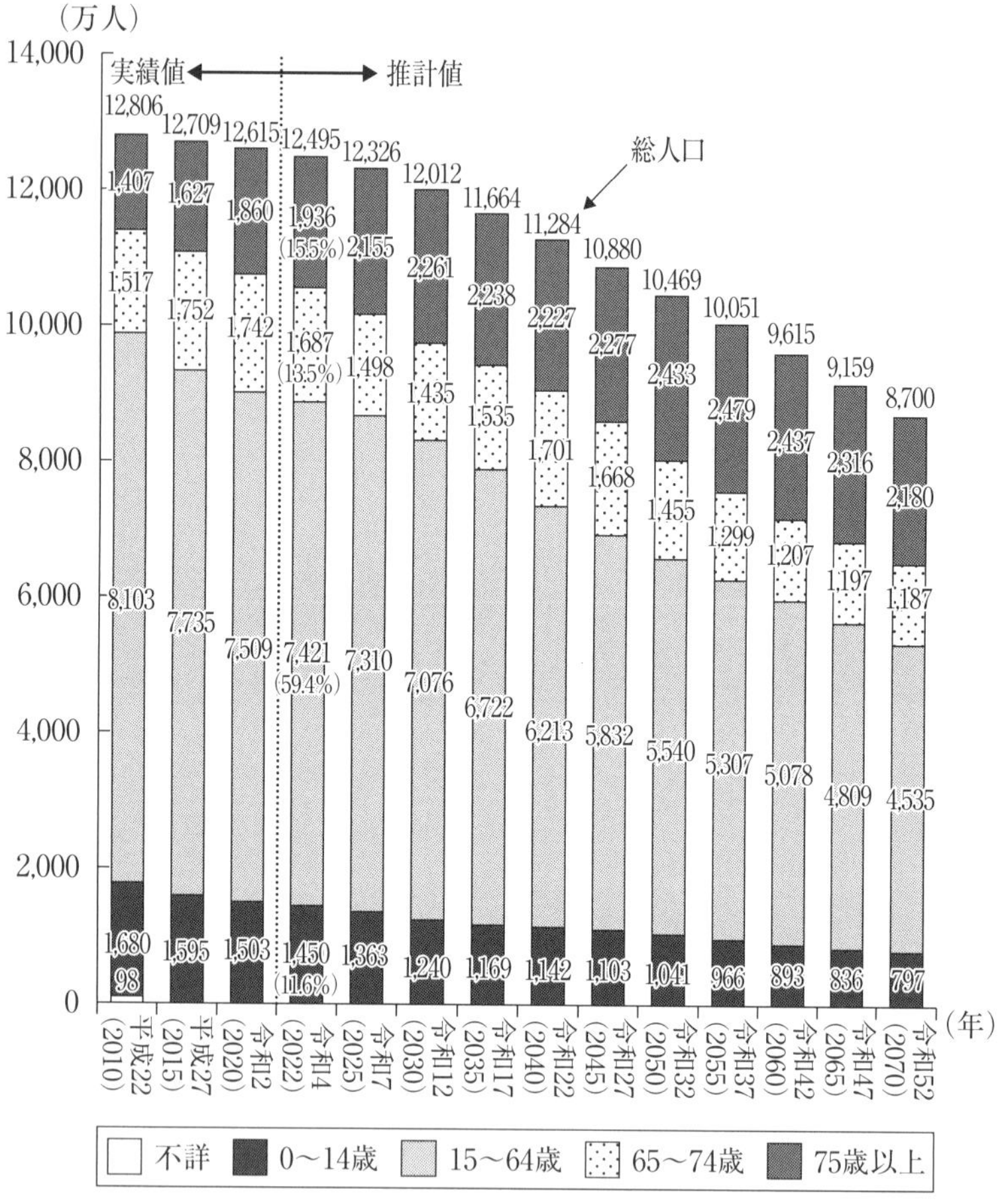

出典：内閣府「令和5年版高齢社会白書」

には8700万人台になるだろうと推計されている。現在の7割程度である。人が減れば需要が減り、市場は縮小するだろう。

そのような状態で経営を続けていくには、どうすればいいのだろうか。

例えば、今のビジネスの売上が1億円だったとしよう。何の対策もせずにそのビジネスを続けていけば、人口減少とともに売上が減っていく。

それを避けるための最も単純な方法は、単価を1・5倍にすることだ。

一つ1万円で売っている商品を1万5000円で売れば、人口が3割減になっても売上は維持できる。しかし、不可能ではないが、独占的な要因がない限り現実的にはその価格は市場に受け入れられないだろう。

海外生産、流通の効率化により、安くて良いものが素早く手に入る世の中では、単価を上げるのは現実的ではない。

市場が消滅することもある

市場が縮小するだけならまだしも、消滅する場合もある。これも時代や市場のニーズの変化から起きる問題である。

例えば、ひとむかし前まで、駅には切符にハサミを入れる係の人がいた。高速道路の料金所にも人がいた。

しかし、今はどうなっているかというと、自動改札とETCが当たり前になっている。時代の変化によって仕事が消えることは珍しくないのだ。そのような連鎖によって、世の中から消えた市場はたくさんある。

少し周りを見渡すだけでも、消えた市場や消えつつある市場はいくつも見つかる。固定電話は携帯電話になった。地元の買い物の場だった商店街はショッピングセンターやコンビニエンスストアに変わった。紙からデータへの変化も、化石燃料から自然エネルギーへの転換も同じことだ。どんな市場であれ、永遠に存在すると断言できるものはない。

仮に今の事業で利益を得ている市場が消えていく市場だとしたら、どれだけ努力を重ねたところで企業の平均寿命まで生きられないだろう。ひょっとすると数年先の経営すら危ないかもしれないのだ。

このような話をすると「変化なんか読めない」と思う人もいるかもしれない。

それはそうだ、と私も思う。

固定電話で営業していた時代に、携帯電話というまったく新しいツールが普及する未来を予想できた人はほとんどいなかったはずだ。インターネットが当たり前になり、エコカーで通勤する社会を予想できた人も少なかっただろう。

未来の変化が予見できたら簡単に億万長者になれる。

しかし、現実的に考えてそれは不可能である。

重要なのは変化を先読みすることではなく、変化を想定外ではなく想定内にし、今ところこれからの事業を考えることなのだ。

事業の多角化で経営を安定させる

さて、中小企業の行く末には、人、お金、市場の変化という3つの壁が立ちはだかっている。

そこで考えてみてほしいのは、今ある商品、サービス、ビジネスモデルで、この3つの壁を乗り越えられるかどうかである。

人を安定的に確保し続けていける会社の魅力や強みはあるか。

貸し倒れリスクや在庫リスクが大きくなったとき、キャッシュフローはどれくらいの期間持ちこたえられるか。

本業の市場はどの程度あり、今後の見込みはどうか。

そういったことを考えていくと、未来の会社の経営状態もなんとなく見えてくるのではないか。

仮に今の事業では先行きが不安だとしたら、すぐにでも対策に取り掛かったほうが良いだろう。つまり、事業内容を根本的に見直すか、あるいは、新たに第二の事業を作り出すことによって経営リスクを分散し、安定させるか、ということである。

私は、第二の事業をスタートする道を推奨したい。なぜなら、市場そのものが縮小していくリスクがある以上、別の市場で事業をスタートするほうが経営安定の効果が大きいと思うからである。

冒頭でも紹介したとおり、会社の寿命はだいたい20年だ。

本業を諦めるということではない。

本業は引き続き力を入れ、できる限り改善する。同時に、本業の収益力・信用力・資金調達力があるうちに、新たな市場で事業を始める。

すると、仮に本業の収益が落ちたとしても、別の事業でその分を補える可能性が出てくる。

会社全体としての収益が変動しづらくなれば、倒産するリスクが小さくなり、安定的に経営できるようになるのだ。

別の市場を狙ってリスクを分散

第二の事業を考えるなら、本業や、本業の市場と関連性が薄い分野に目を向けるのがよいだろう。

なぜなら、性質が似ている事業では市場が縮小したときの影響を避けにくくなるし、景気や経済の変化によって受ける影響も似通ってくるからである。

経営者の多くは、本業で培ってきた経験、ノウハウ、人脈などを活かして新規事業を始めようと考える。

例えば、たこ焼き屋がうまくいっているから、そのノウハウを活かしてお好み焼き屋をやるといった考え方だ。

その方法は、確かに効率はいい。

しかし、果たしてそれは多角化なのだろうか。多角化というよりは本業の拡大であり、人、お金、市場の変化という3つの壁を乗り越えるための対策にはならない。

同じ市場内でジャンルが違う店を出しても、市場そのものが下火になればダメージは倍増する。1店舗だけならマイナス1000万円で収まったかもしれないが、2店舗に増やせばマイナス2000万円になる可能性がある。

リスクの本質はそこにある。

事業の拡大と会社を守るための多角化は、別のものとして考える必要があるのだ。

その点から見ると、本業がたこ焼き屋なら、次は洋服屋がいいかもしれない。そのような発想で考えることが多角化のポイントなのだ。

経営者の役目は会社を守ること

「この道一筋何十年」といえば、プライドも感じるし聞こえはいい。

多角化による経営の安定化を推奨する私も、「本業一本勝負」の姿勢は素直にかっこいいなと思うし、アイデアや技術で勝負し、会社を大きくしてきた創業社長たちを尊敬している。

しかし、いくらかっこよかったとしても、経営者は最近の目まぐるしい市場の変化に対応して経営リスクを抑えなければならない。

大手ミシンメーカーが複合機メーカーに事業転換したように、時代の流れにスピード感を持って対応することも経営者の大きな役割だと思う。

会社はそこで働く人たちにとって生活の基盤であり、自分や家族、働く人たちとその家族の幸せも、会社という基盤の上に成り立っている。

その基盤を固め、盤石にするのが経営者の役割であることはいうまでもない。業種や企業の規模などは関係ない。企業の使命は、人の喜ぶことを提供し、それを提供し続けるために利益と従業員満足度を上げることだと私は考える。

この章で伝えたいことは、突き詰めればこの一点である。

経営を通じて社員や取引先、そして経営者自身を幸せにするために、経営の安全性を高める必要がある。そのための手段として事業の多角化という考え方があるのだ。

労働集約型から資産形成型へシフト

新規事業のアイデアはいろいろある。

しかし、人、お金、市場の変化という3つの壁もある。

例えば、人の採用や教育、属人化がリスク要因だとすれば、このリスクを根本的に解決する方法は一つしかない。人を雇わずに成立する事業を手がけるという方法だ。人の力で収益を得る事業を労働集約型の事業とすれば、人を使わず投資だけで行う事業は資産形成型のビジネスといってもいいだろう。資産形成型のビジネスとは、簡単にいえば、特に手間をかけなくても継続的に投資した物自体が利益を生み出してくれるもののことだ。

2種類のビジネス行動

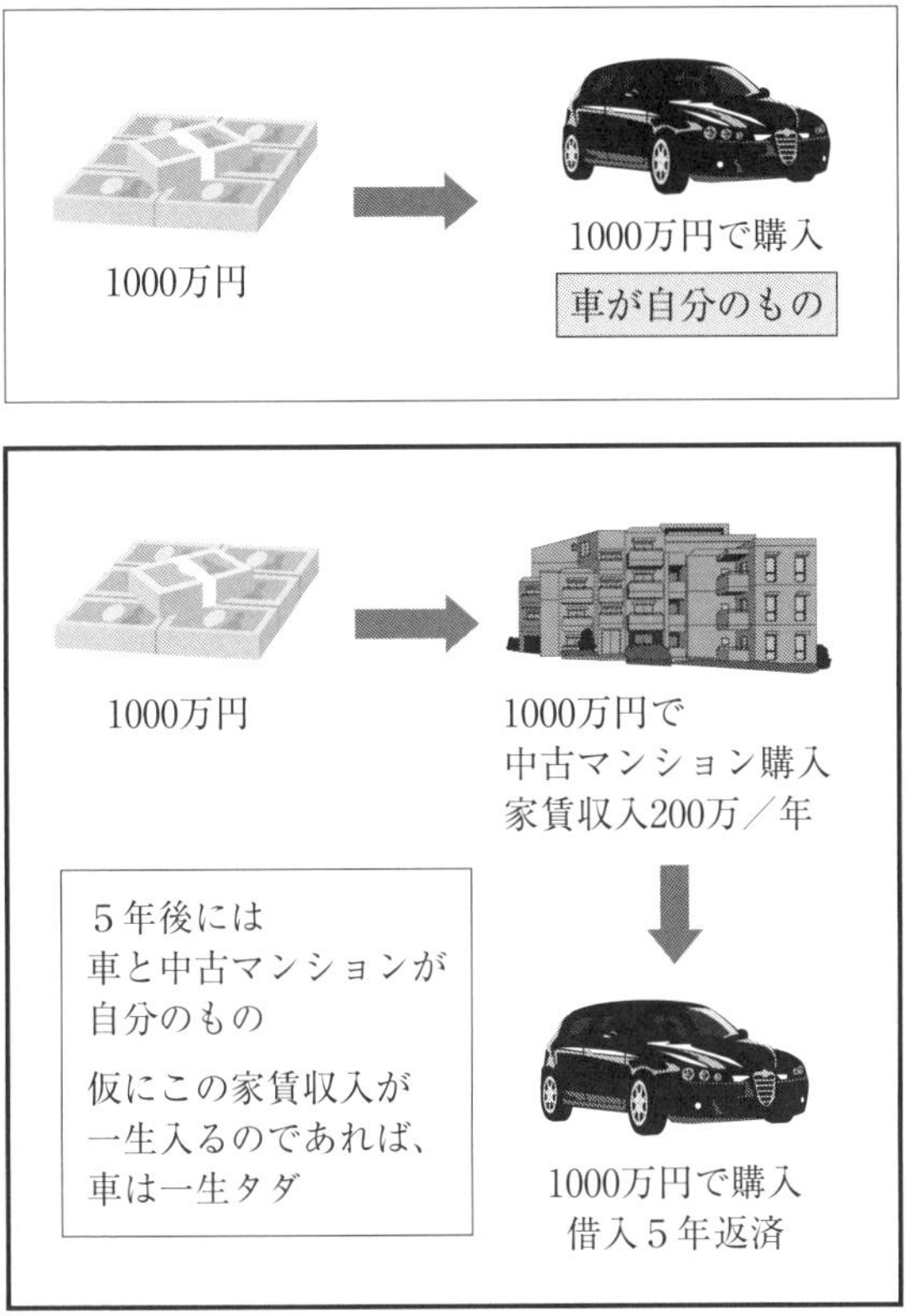
1000万円
1000万円で購入
車が自分のもの
1000万円
1000万円で
中古マンション購入
家賃収入200万／年
5年後には
車と中古マンションが
自分のもの
仮にこの家賃収入が
一生入るのであれば、
車は一生タダ
1000万円で購入
借入5年返済

資産形成型ビジネスについて

（資金力・資金調達力）＋利回り

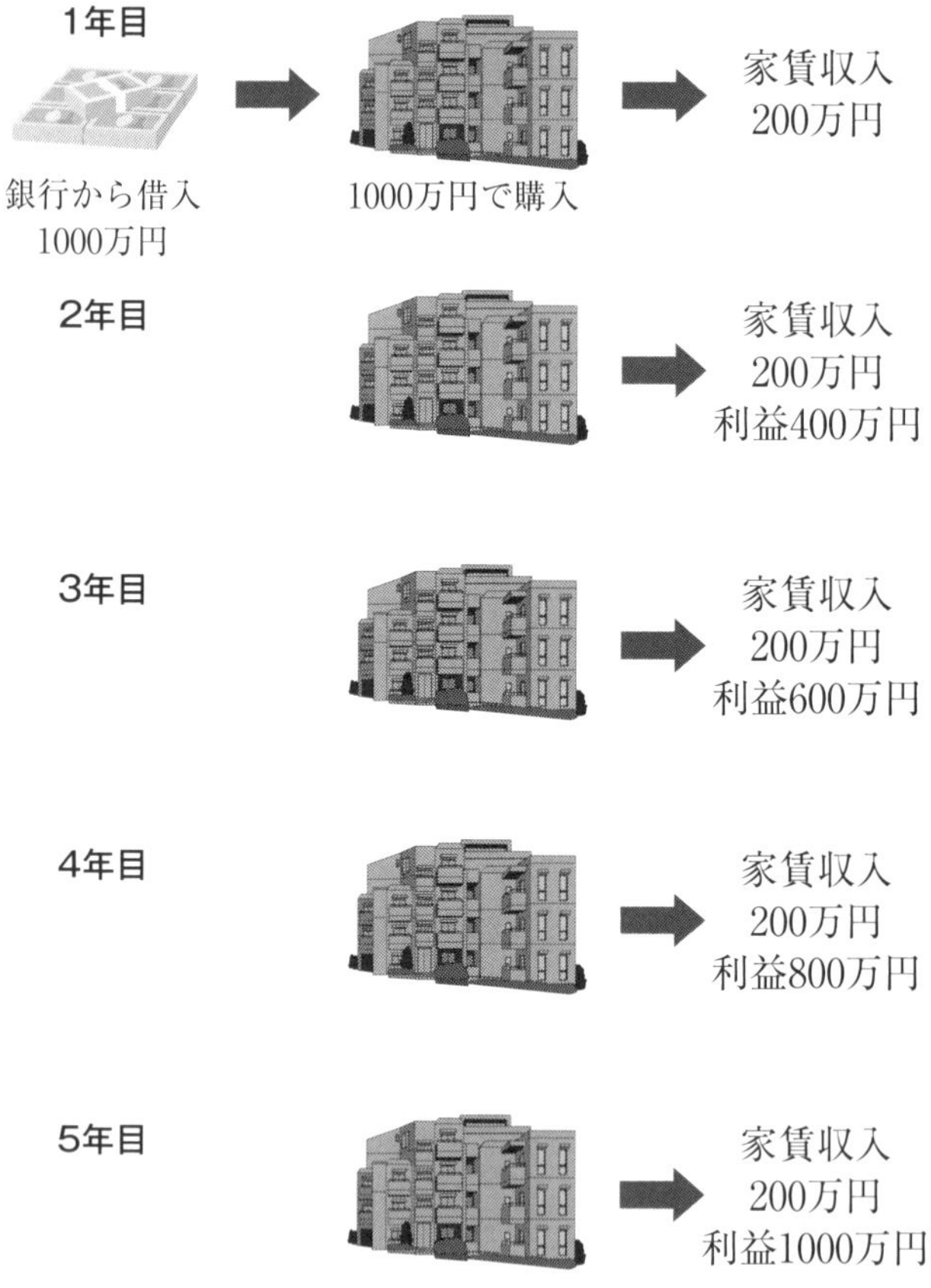

不動産の借金を不動産で稼いだ金で返済してくれる。

その資産を持ち、活用する。できるだけ手間がかからず、できるだけ多くの利益を生み出してくれる資産を手に入れる。

私は、資産形成型ビジネスのたとえ話をよく顧問先の経営者にする。

手元に1000万円の現金があったとする。これで車を購入しようと思うのだが、購入したら手元の現金が車に換わる。

その投資もいいのだが、こうは考えられないか。

この現金1000万円で利回り20％の中古の不動産物件を買い、車は1000万円の5年ローンで購入する。利息は考えない場合、5年後には借金ゼロで不動産と車の2つが手に残る。仮にこの不動産が生涯この利回りを稼ぎ続けるとすれば、車は5年おきに一生タダで買い換えられる計算になる。

不動産賃貸業の会社が、銀行からの借り入れで不動産を購入し、収益を得て返済に回す。これを繰り返し行うことで、借金のない不動産が何棟も手に残る。実際、私も

不動産賃貸業のメリット

・利回りが3～8％
・不労収入（管理会社に委託可能）
・在庫なし
・現金商売
・人の教育が不要

不動産賃貸会社の決算を10年以上組んできて、このような状況をたくさん見てきた。

会社の資金調達力を利用して、借り入れで不動産を購入し不動産収入を得るのも面白い。

また、この不動産収入は、長期にわたり本業を支える柱ともなり得る。例えば、マンションやオフィスビルを購入すれば定期的に家賃やテナント収入が入ってくる。毎月決まった収入が確保できるようになれば、本業の収支が多少ぐらついても、仮に本業の固定費がその収入で賄えれば、経営全体に対する影響は小さくなる。

実際に本業が悪化してきた会社で、不動産やコインランドリーのような収入で乗り切った会社をいくつも見ている。

不動産ビジネスの課題は市場の変化

本業とは別の事業として不動産を運用し、賃料収入で稼いでいる会社は多い。

また、過去には競売物件などを通じて、事業の安定化を図るコンサルティングを何件も行ってきた。

実際、不動産の運用はメリットが多い。

しかも日本は超低金利で融資が受けられる。これを利用しない手はない。

前述したとおり、人にまつわるリスクを大幅に減らせるし、3つの壁の2つ目に挙げた貸し倒れと不良在庫のリスクも抑えられる。

不動産の収益は基本的には現金であるため、貸し倒れになるリスクがほとんどない。

また、賃貸のビジネスであるから、在庫も発生しない。

不動産事業の問題点

・目利きが必要
・利回りの高い物件は金額が高い
（情報入手困難、競売物件等は多額の現金が必要）
・今後の**人口減少問題**
（賃料を下げるしか方法がない→利回りが悪くなる）

収益性はどれくらいかというと、平均利回りで3〜8%が相場だろう。

飛び抜けて高い利回りとは言えず、各種メンテナンスコストなども考える必要はあるが、単純計算すると、20年くらいで投資した資金を回収できる。

継続的に借り手がつくことが条件にはなるが、経営を安定させる効果は非常に大きいといえる。

ただし、問題もある。

それは、空室率の増加と未来の売却金額の不安定さへの懸念だ。

人の生活には必ず住居が必要なため、不動産市場が消滅することはないだろう。

しかし、国内の人口が減っていくことは明白だ。

人口が減り、物件が余る供給過多の状態になれば、借り手の確保は難しくなる。家賃は基本的には需要と供給のバランスで決まるため、借り手がつかなくなれば家賃を下げることになり、結果、収益率は下がり、投資資金の回収期間は長くなる。

しかも、最近では、相続税の基礎控除の切り下げによって、これまで相続税がかからなかった人たちが課税対象になった。そこに目を付けたレジデンスのデベロッパーは相続税対策をネタに営業を強化して、居住用不動産の供給過多に拍車をかけている。

物件を買う人たちは、「うまくいかなかったら物件を売ればいい」と考えるだろう。しかし、供給過多で物件の空室率が高ければ、当然売却金額はたたかれることになるし、購入希望が出なければ保有せざるを得なくなる。固定資産税はかかるし、建物の修復にもコストがかかる。

ビジネスは入口と出口が大切だが、今から投資する不動産で最終的にどれだけの収益を獲得することができるのだろうか。そういった懸念から、不動産を顧問先に勧め

総住宅数、総世帯数及び１世帯当たり住宅数の推移

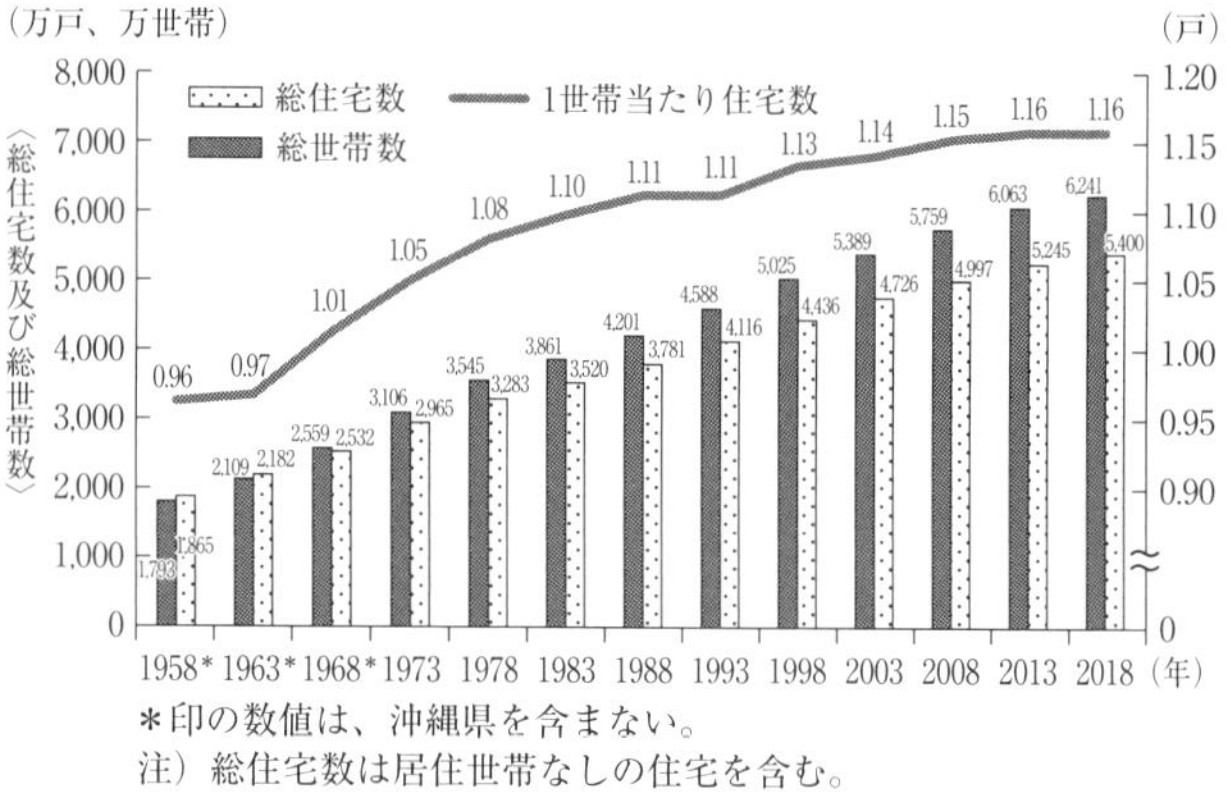

＊印の数値は、沖縄県を含まない。
注）総住宅数は居住世帯なしの住宅を含む。

出典：総務省「令和5年住宅・土地統計調査」

空き家数及び空き家率の推移

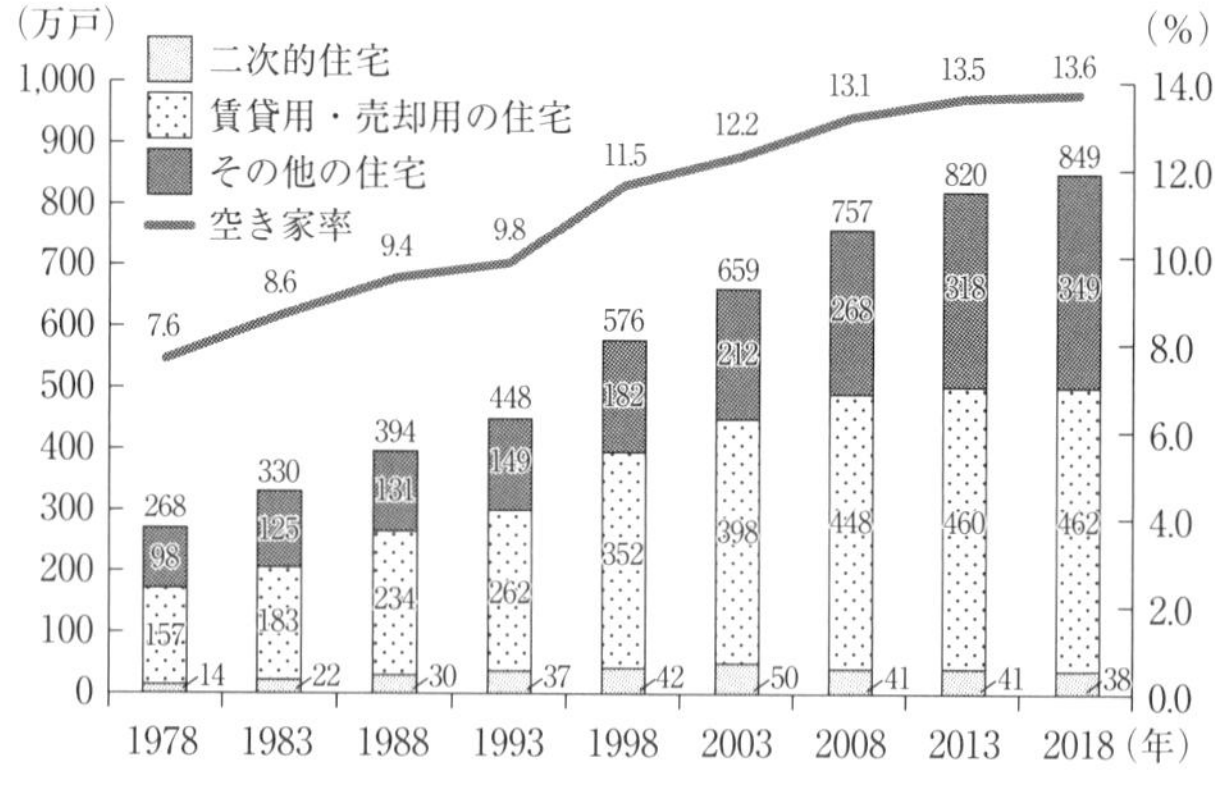

出典：総務省「令和5年住宅・土地統計調査」

ることは今ではほとんどない。

優位性と将来性を重視して事業を選択する

資産形成型ビジネスは素晴らしい。資金調達ができて、かつ、その市場が拡大傾向にあるのであれば、長い将来に自動的に収益を稼ぐ柱ができる。

会社で保有しようが個人で保有しようが会社が安定し、経営者が退職後に生きていく資金となる。時には新しい事業を立ち上げる資金源になるかもしれない。

では、具体的にどんな事業を手がければいいのだろうか。

私は、投資した資産が自ら金を生む資産形成ビジネスのたぐいをたくさん見てきたし、実数値も決算を通じて目の当たりにしてきた。

例えば、私が会計事務所に勤務していた頃、担当をしていた会社が非常に面白い資産形成事業を展開していた。

売上高約6000万円、役員報酬3600万円で社長の勤務時間は年間100時間、そのうちの50時間は私と月次報告と決算の打ち合わせをする時間だった。社長は起きたいときに起き、寝たいときに寝て、好きなときに所有する船で趣味の釣りに出かけた。日焼けをしていて見た目は漁師のようだった。まだ社会人経験の少ない私から見れば一つの人生の完成形だった。その会社の行っていた事業は「記念刻印メダルビジネス」。観光地や人が集まるところにメダルの販売機を設置し、メダルを販売している会社だった。粗利益率もいいのだが、商品の補充から集金まで全て業者がやってくれるので何もすることがない。驚くのは、たいして儲からないように見えてしっかりと利益を稼ぐ。そのうえ儲かると思われないためまったく競合が現れないということだ。この事業は資産形成ビジネスと利権ビジネスの融合といったほうがいいかもしれない。

ほかには足場材レンタル業、これも面白い。新品で購入すると一式1億円はする足場を資金調達力の乏しい足場屋さんにレンタルする。収益は年間３５００万円ほどにも上り、利回りはおおよそ30％を超える。しかし、独自のルートと建築業界の景気に大きく左右される。

不動産事業の未来に懸念を持った私は、資産形成ビジネスで独自の業界ノウハウや販売ルートのいらない、一般の顧問先に提案できるようなものはないかと模索してきた。現金収入で属人的ではないことはもちろんだが、市場が拡大していき、フローではなくストック収入で、景気に左右されにくく、成熟しておらず、なんらかの決定的な優位性を確保できる業界……。

その答えが、本書のテーマである「コインランドリー」である。コインランドリーは、これらの私の課題を全て網羅し、資金力に恵まれない中小企業の経営を安定させ、経営者の未来を切り拓くために必要な条件を満たしてくれる事業なのである。

第2章

ヒトとコストをかけずに金を生み出す。新たな事業は「コインランドリー」を選択せよ

最適解はコインランドリー

中小企業を苦しめる要因は、人、お金、市場の変化そして資金力である。

そのため、これらの要素を解決できる第二の事業をスタートできれば、倒産リスクが小さくなり、会社が成長していく可能性が高くなる。

そこを出発点として、私はこれまでにいくつものビジネスモデルを創出してきた経験を活かし、さまざまな業種を調べ、あらゆる事業を比較した。その結果、たどり着いたのが「コインランドリー経営」である。

それでは、コインランドリーと聞いてどんなイメージを持つだろうか。

あまり使ったことがない人は、いつも人がいない、暗い、汚いといったイメージを持っているかもしれない。

確かにコインランドリーが日本に誕生した頃は、そういった店舗が多かった。コインランドリーはもともとイギリス生まれで、日本には1970年代にやって来た。洗濯機がない家をターゲットとした町の洗濯場といってもいいだろう。

近年は洗濯機の普及率はほぼ100%で、どの家にも洗濯機がある。そのため、洗濯機が壊れたときや、布団やシーツなどの大物を洗うときに使うものととらえている人が多い。

実際、中小企業向けに経営安定や事業の多角化のコンサルティングをしていく中で「これからの事業はコインランドリーですよ」と顧問先に話しても、ほとんどの社長は戸惑った顔をする。

まずはそういった先入観をいったん脇においてほしい。

私自身、さまざまなビジネスモデルを構築し、検証してきた経験から判断すると、コインランドリーにはとてつもない魅力と可能性があると確信している。

第一の壁「人」のリスクがない

では、具体的に検証してみよう。

まず、人にまつわる採用や教育の問題である。

この点でコインランドリーが優れている理由は説明するまでもないだろう。

コインランドリーの収益源は洗濯機と乾燥機といったマシンである。

そのため、人が原因で悩まされることがほとんどない。

機種選びと台数の調整といった点では多少の工夫が必要かもしれない。しかし、人手不足に悩まされるリスクからは解放される。

機械はメンテナンスが必要だが、教育はいらない。突然辞めてしまうこともないし、誰かともめたり、感情によってパフォーマンスが落ちたりするといったこともない。

簡単にいえば、人よりも圧倒的に確実に収益を上げる。

最もコントロールしにくい、人のマネジメントが必要ない。通常の事業では、コントロールしにくい要素が大いに存在する中で、コインランドリーは人という要素をまったく省くことができる数少ない事業なのだ。

もちろん、人を雇うことによって得られるメリットもある。リスクとリターンの大きさは基本的に同じであるから、人を使う経営のほうが、リスクが大きいとともに、リターンも大きくなる。

例えば、優秀な人材が集まれば業績も自然に上向く。「長く勤めたい」と考える人や「成長しよう」「もっと学ぼう」と取り組む人が増えれば、さらに業績が良くなるだろう。従業員同士がお互いに刺激し合い、成長の相乗効果を生む環境へと変わっていくこともある。

実際、安定的に成長している会社をみると、従業員が皆生き生きと働いている。そういう職場環境を作りたいと思っている経営者も多いだろうし、私自身、コンサルタントという仕事を選んだのは、世の中に楽しく働ける会社を増やしたいと思ったからだ。

ただ、それは言うほど簡単ではない。経営安定のために第二の柱となる事業を作り出すわけだから、リスクはなるべく小さいほうが望ましい。

その点で、コインランドリーは低リスクだと思う。採用や教育の面のみならず、人件費の高騰、従業員間の人間関係、パワハラ、セクハラなど、人と関わるさまざまなトラブルをあらかじめ避けることができるのだ。

第二の壁「運転資金の不安」がない

3つの壁の2つ目である貸し倒れリスクもない。なぜなら、コインランドリーは現金商売であるからだ。

コインランドリーの売上確保はシンプルな構造である。

お金を入れて、マシンが動く。そのお金は日々回収される。これだけである。

やり取りするお金が手形などに形を変えることもないし、お金をやり取りするユーザーと店の間に銀行などが入ることもない。

だから、お金が回るスピードが速く、売り上げたお金が、すぐに手元に来る。

ここが現金商売の最大の強みで、キャッシュフローが回っている限り目先の運転資金が足りなくなることがない。特にコインランドリーは、お金を入れてからマシンが動く前金制であるから、取りっぱぐれることもない。商品ではなくサービスを売っているため、在庫とも無縁だ。

そういうシンプルな構造をしている事業は潰れにくい。

実際、コインランドリーは1970年代から存在しているが、地味に町になじみ、存在し続けてきた。過去半世紀の間で、消えた商品やなくなったサービスは星の数ほどあるが、コインランドリーはずっと生き延びてきた。生き延びてきたというよりひっそりと粛々と収益を上げ続けてきた。実際、この業界を調べ出した際に驚いたのは、コインランドリーマシンの中古市場がまったくないということだ。このことは潰れるコインランドリーがほとんどないということを物語っている。

第三の壁「市場の変化」に強い

第三の壁である市場の変化についてはどうだろうか。

市場の変化で怖いのは、市場そのものが縮小することと、その結果として消滅してしまうことだ。


不動産ビジネスは、市場内のプレーヤーが多く、長期的な人口減少というマクロ要因が市場を縮小させる可能性があった。ただ、家はどんな時代でも必要であるため、衣食住の住に含まれる賃貸市場が消滅する可能性はほとんどない。

コインランドリーの市場も消滅する可能性はほとんどないといえるだろう。

1970年代から長々と存在してきたことがその証明であるし、賃貸市場と同じように、衣食住と関連する市場であるため、時代がどのように変わっても常に一定の需要は見込める。

異業種を見渡してみても、生活密着度が高い事業は安定している。

例えば、電気、ガス、水道といったインフラ系の事業は生活密着度が極めて高い。電気やガスが自由化され、多くの企業が参入するようになったのも、事業として安定感があり、収益性が見込めると考える企業が多いからだろう。

似たところでは、携帯電話やスマホも生活密着型だ。テレビを観ない日はあるかもしれないが、携帯電話やスマホを触らない日はほとんどないはずだ。肌身離さず持ち歩くという点で、携帯電話やスマホは文字どおり密着している。

この分野も、かつては電気やガスのように大手の寡占状態だったが、最近は格安スマホなどの新規参入が増えている。長期的に安定して稼げる期待値が高いから、多くの会社が参入するのだ。

競争の激しさは別として、美容院も生活と密着しているし、化粧品も女性の生活に密着している。最近はコンビニも生活に欠かせないものになった。高齢者が増え続けている中で、病院や接骨院といった医療機関も生活密着型に含まれるだろう。

成長市場に乗る

成長産業といえば携帯電話業界がいい事例だが、私は約20年前、携帯電話販売会社のCFOとして取締役に就任した。約20年間、業界の流れと勢いを見てきて、成長市場のすさまじさを痛感した。就任当初、従業員2人、売上5000万円だったこの会社は、今では従業員300人、売上100億円企業となった。当然経営手腕は必要だが、この会社は特別に営業をすることなく店舗をつくっていけば売上が上がっていった。成長産業でない小売業で約20年の間に200倍の売上を上げたとしたら神業としかいいようがないのではなかろうか。

成長産業でなく成熟産業で勝負するのは非常に困難である。

すでに何年も業界を経験している会社に対抗する必要がある。最近ではＳＮＳの発達で、ベンチャー企業でも非常に短い間に業界でかなりのポジションへ上がる会社も少なくないが、どちらにしてもＷＥＢマーケティングやＳＮＳの専門知識が必要だし、専門知識を持った人間を雇ったとしても年間２０００万円以上のコストがかかる。

いずれにしても、いち早く成長市場を見つけて参入することである。市場が勝手に売上を上げていってくれる。

最近の成長市場といえば、「日経ＭＪ」にこんな記事が載っていた。

サービス業の業種別部門売上高増減率を調べた記事だ。旅行業を除く35業種のうち、8割強にあたる29業種が２０１５年と比べ、増収だったと回答している。全体の平均は1・4%の売上が増加している。その中でも特筆すべき成長を見せたのがコインランドリーだ。ほとんどが0〜5%増で収まっているなか、コインランドリーは前年と比べ売上が44・5%増となり、全体で一番の増加率だった。また17年度の売上増加の見込みも40・1%となっており、まさにコインランドリー市場こそ成長産業といっても過言ではない。

10年後の市場にどのポジションでいるのか考える

成長市場はいつの時代も存在する。しかし、重要なのはその市場自体が突発的なニーズではなく、その後の人の生活に定着していくかどうかということであり、また、ここで重要なのは、このタイミングで業界においてどのポジションにいるかということである。

携帯電話販売会社を例にすれば、日本国内の携帯電話の契約台数は日本の全人口を超えた。そうなると携帯電話販売会社は新規契約ではなく機種変更の売上しかないことになる。

しかし、ある一定の契約台数を持っている販売会社は、この契約件数に応じた継続手数料というものが入ってくるのだ。過去の実績で数年間、安定して何もせずとも収益が入ってくる。

この会社はかなりの規模の契約を持っているため問題はないが、逆に5店舗以下の販売店は現状通信会社からノルマを達成していないことから販売権の剥奪を余儀なくされているのが現状である。そして、この会社には、剥奪された会社の店舗を買収する話が定期的に舞い込んでくる。

つまり、成長→定着→成熟→競争→淘汰のサイクルは、どの業界でも当たり前のことで、この競争淘汰のタイミングでいかに強みを持っているかがカギとなる。

コインランドリーはどうだろう。成長産業なのは理解できるとしても強みはどこにあるのか。それはズバリ「立地」である。実際、コンビニ経営をしている会社の決算などを通じて、ドル箱になっている店舗を発見することがある。競合が寄り付きにくい場所に店を構え、長い間地域に密着して粛々と利益を上げている。

便利なものは手放せない

一方、今まではそれほど生活に密着していなかったものが、時間とともに密着するようになり、生活に不可欠なものになる場合もある。

その代表的な例がコンビニと携帯電話だ。

コンビニができた当時、世間の評価は冷たかった。高い。品揃えが少ない。スーパーマーケットで買ったほうが安い。ほとんどの人がそう感じた。

しかし、現在はどうだろうか。

毎日のようにコンビニに行く人はいるし、コンビニなしでは生きていけないという人もいる。家からスーパーまで距離がある地方では、すぐに行けるコンビニが高齢者にとって身近な店になり、生活のインフラ的な役割を果たすようになっている。

携帯電話やスマホについても同じことがいえるだろう。

携帯電話が世の中に出たときの評判はイマイチで、高い、家の電話と公衆電話があるからいらないといわれていた。携帯電話を持つ人が、通話料節約のためにわざわざ公衆電話から電話することもあった。

ところが、今は仕事をしている人だけでなく、主婦も、高齢者も、子どもも携帯を持つようになった。公衆電話の数は激減しているし、目の前に公衆電話があってもほとんどの人が携帯電話からかける。家に固定電話がないという人も多い。

なぜこの２つは生活密着型になったのだろうか。

理由は単純で、便利だからである。

必要なモノがひととおりそろい、モノ余りの社会になっていくにつれて、商品そのものに関心を持つ人は減り、便利さなどが注目される。「こんなものがあったら便利」と感じるものは、これからも生活との密着度が増していくだろう。

また、一度生活密着型となったら、よほどのことがない限り市場が消えることもない。人は、一度経験した便利さを簡単には手放すことができないからだ。

今さらコンビニなしの生活ができるだろうか。携帯電話なしで暮らせるだろうか。「無理だ」という人は多いはずだ。それはつまり、コンビニや携帯電話関連の需要と市場が消える可能性がほとんどないということだ。

コインランドリーもこの先、この段階に入ってくるであろう。

利用したことがある人なら分かるだろうが、コインランドリーは便利である。現状、実際に使ったことがある人はまだ少ないが、利用者が増えていくにつれ、コンビニや携帯電話ほどとは言わないが、「コインランドリーなしでは生活できない」と考える人も増える。

実際、私の妻がいい事例である。

コインランドリー事業の調査をしているとき、実際に使ってみようと思い、ちょうど天気の悪い日が続いて洗濯物がかなりたまっていたため、妻をコインランドリーに誘ってみた。

彼女は「どこの誰が何を洗ったか分からない洗濯機で洗濯なんかしたくない」と言う。仕方がないので私と息子の洗濯物を持って妻とコインランドリーに出かけた。最新の機械は、利用する前にボタンを押すと2分間温水で洗濯槽内を洗浄してくれる。洗濯物を入れて歩いて行ける飲食店で2人で食事をした。たわいもない話をしている間に妻の携帯に洗濯完了のメールが入る。飲食店を出てコインランドリーで洗濯物をたたんで自宅に持って帰る。洗濯にかかった実質時間は移動も合わせて1時間余り。しかもその間、家族で食事しコミュニケーションも図れた。また妻が洗濯に関わった時間は15分程度。ここで妻の意識が完全に変わった。

これまで天気の様子を見ながら、干す時間を入れれば毎週20時間程度かけていた洗濯が1時間で終わるのでは無理もない。

毎日育児と家事に追われ、ストレスを感じていた彼女の問題をコインランドリーが一瞬にして解決したのである。

洗濯は生活に密着しているが、コインランドリーはまだ密着しているとはいえず、まさにこれから密着度が高まっていくものだと思う。

優秀なビジネスモデルは固定費が安くて粗利益率が高い

当たり前のことだが事業には優秀な収益の上げ方がある。それはいかに固定費を抑え粗利益率を上げるかということだ。固定費が多ければ売上が下がったときに大きな赤字を出す。

また、売上がいくら多くても粗利益が少なければ、売掛金が大きいため多額の運転資金が必要となるとともに貸し倒れを食らったときの打撃も大きい。

優秀なビジネスモデルの典型例は、システム開発やゲーム開発をしている企業に多い。当たりはずれはあるもののゲームなどは一度開発すれば、利用者が勝手にダウンロードして売上金を支払ってくれる。原価はほとんどゼロで利益率は90％を超える。


コインランドリー事業をスタートするためには、店舗やマシンをそろえるための資金がかかる。初期費用の金額は店の規模や出店する場所によって変わるが、2000万~4000万円くらいだろう。決して安いとはいえない。

しかし、投資額の面で不動産ビジネスと比べると、資産形成型ビジネスとしては低リスクだ。

コインランドリーも粗利益率が高い。原価を構成するのは、水道光熱費のほか洗剤代であるが、おおよそ25％程度で75％程度が粗利益率となる。固定費は人件費がないため基本的に家賃のみで、人がある程度いる場所にいかに安い家賃で出店するかがカギとなる。自分や会社が土地持ちで遊休地になっている場合はその場所を使うことによって賃料を抑えることができるが、できれば立地が良い場所を選んで借りることが好ましい。

このようにコインランドリー事業は、固定費が少ないため損益分岐点が低くなり、赤字になりにくいうえに、粗利益率が高いために損益分岐点を超えたあとの利益の出方が素晴らしい。そして、コインランドリーの利回りは平均9～15％くらいであるから、7～10年くらいで初期投資が回収できる。利回りが良いということは、初期費用の回収期間が短くなるということだ。

例えば、月当たりの売上が80万円の場合、原価（光熱費など）20万円（売上の25％）を引いた粗利益が60万円で、そこから固定費30万円を引いた最終利益は月30万円、年間360万円である。

コインランドリービジネスの最終利益増の推移

売上高	売上増	原価	粗利益	固定費	最終利益	最終利益増
80万円	0％	20万円	60万円	30万円	30万円	0％
100万円	25%	25万円	75万円	30万円	45万円	50%
120万円	50%	30万円	90万円	30万円	60万円	100%

損益分岐点

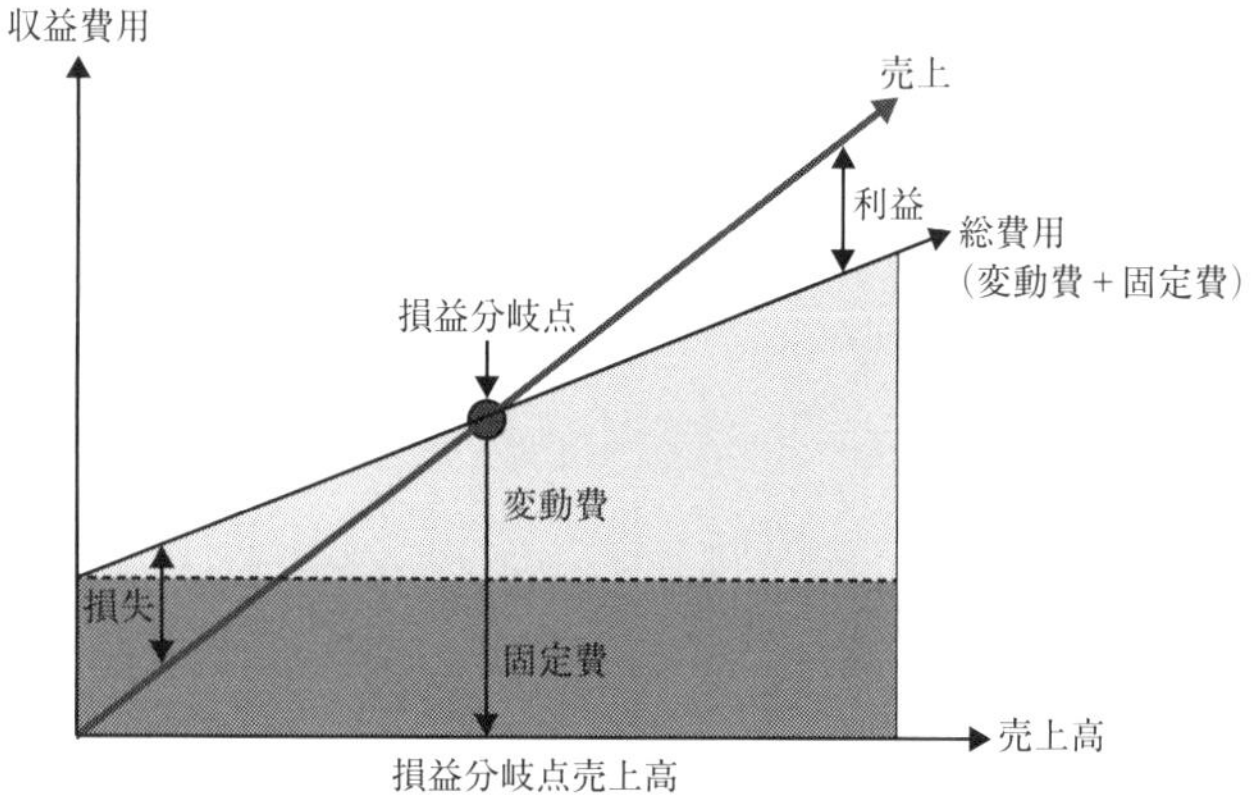

図の真ん中の点が損益分岐点。これを売上が超えれば黒字。
コインランドリーは、固定費が小さいので、損益分岐点が低くなる。

初期費用が４０００万円だったとすれば、11年ちょっとで回収でき、それ以降は年３６０万円の利益を丸々受け取れることになる。

さらに売上が月額25％程度上がって１００万円となれば、粗利益は月額15万円増加して年間５４０万円となり最終利益は50％増加する。仮に売上が月額50％程度上がり１２０万円となれば、粗利益は月額30万円増加して年間７２０万円となり、最終利益は１００％増加する。

これが粗利益率の高いビジネスの強みだ。

事業としてコインランドリーに目を向ける人がいなかった

ここまで見てきたとおり、コインランドリーが中小企業の安定経営に結びつくことがよく分かってもらえたと思う。

では、なぜこの魅力的な業界が、事業としてもサービスとしても今まで注目されてこなかったのだろうか。

事業として注目されなかった理由は、ズバリ「誰も儲かると思っていなかった」のひとことに尽きる。コインランドリーの機器の稼働率は12～14％で機器はそれほど稼働しない。

しかも利用者は昔のようにコインランドリー店舗内で待つ人は少なく、洗濯している間にスーパーなどで買い物を済ませている。買い物が終わるとコインランドリーに洗濯物を取りに来て自宅に帰る。だから店内に利用者がほとんどいない、駐車場に車もたいして停まっていない。

このような状況で誰が儲かると思うのか。誰も思わない。しかし、私は決算を通じて実数値を見ている。目に見える印象と実態が違うことをよく認識している。

昼だけ行列ができるラーメン屋さんが全然儲からないことや、逆に隙間産業で長い間収益を上げ続ける事業も知っている。このコインランドリー事業を調べていくうちに、先に書いた記念刻印メダルビジネスと完全にリンクした。

誰も儲かると思わない↓競合が現れない↓事業が安定して寿命が長い。

それではこのコインランドリー機器の稼働率12〜14％でどれぐらいコインランドリーが稼ぐのかというと、おおよそ表面利回り10〜15％、中には20％を超える店も存在する。この稼働率でこの利回りであるから、このビジネスがどれほどの可能性を秘めているかお分かりいただけるであろう。

マーケティングの存在しなかった業界

サービスとして利用者がまだ少ないのは、過去の暗い汚いイメージが世の中にある

コインランドリー事業の変遷

- 〈イギリス〉　1930年頃にコインランドリーが始まる
- 〈アメリカ〉　コイン式の全自動洗濯機が開発される
- 〈日本〉　1970年頃に国内初のコイン式洗濯機・乾燥機が開発→急速に設置台数が増加
- （日本の当初－都市型ランドリーの普及）
  独身者や学生など若年層をターゲットに普及していく
- （日本の近年－郊外型ランドリーの普及）
  駐車場完備。**主婦層**から歓迎され進展

せいだろう。ところが、最近のコインランドリーは清潔感にあふれ、きれいな店も多くできてきていて、過去のコインランドリーのイメージを払拭する店舗がかなり増えてきている。

直近の調査では、日本でコインランドリーを使う人の割合は５％ほどである。一方で、欧米諸国の平均がだいたい20％であり、潜在的な需要も大きい。

また、この業界に触れてビックリしたことがもう一つある。それは、マーケティング戦略の構築がまったくされていないということである。コインランドリーは１００円ビジネスである。した

がって、広告やポスティングを行っても、見てくれるのはコインランドリーにもともと興味のある人たちだけで、対費用効果が得られない。

マーケティングといえば、いかに利用していない人に利用してもらえるようにするかだが、これに効果的な戦略がない。したがって業界のマーケティング戦略は、「店舗を目立つようにしてじっと待つ」というビジネスモデルだった。

そう考えると、これから市場が拡大していく可能性が十分に期待できる。

つまり、リスクが限定的である一方、成長の期待値が非常に大きい。

これは新規参入する市場の条件としては理想的といえる。

供給が需要を作り出す

かつての経済学に「セイの法則」というものがある。そのポイントは、市場規模は需要ではなくて供給によって決まるということだ。

一般的な経済の理論で考えると不思議に思うだろう。

普通は、まず需要があり、その需要を狙って供給側が大きくなる。しかし、市場がこれから成長していくときなどは、先に供給者が増え、供給量に合わせて需要が増えていくことがあるのだ。

かつてのコンビニの成長がこのパターンである。

今では当たり前に使うが、世の中に出たばかりのときはどうだったか。「高い」「品揃えが少ない」と言われた。

しかし、店舗数が増え、チェーン店が増えていくにつれて、需要が喚起され、市場が大きくなった。供給が増え、使う頻度が増え、使ってみたら便利で、気がつけば生活に密着している。

ペットボトルの水やお茶も同じだろう。これらが誕生したときは、水やお茶を買うという発想は理解されなかった。どこでも飲めるタダ同然の水やお茶を100円も出して買う人などいないと思われていたのだ。

しかし、今は当たり前のように買っている。ミネラルウォーターは3000億円前後、お茶も合わせると5000億円前後の市場になった。飲料メーカーがあらゆる種類のお茶などを出したことにより、供給側が主導して水やお茶の市場が育ったのだ。

実際にコインランドリーも、鹿児島では利用率が20％を超えているといわれている。その理由は火山灰ではなく、なんと農協の仕掛けにある。というのは、かつて鹿児島の農協が預かっている預金をどこかに貸し付けたいと考え、農家の遊休地を利用してコインランドリーを経営することを、農協が貸し付けすることを条件に農家に提案したのである。

まさに今、コインランドリーの業界は、供給が需要を創る段階にあると私は考える。

不安定な天候が需要を後押し

コインランドリーの歴史を読み解いた結果、コインランドリーの市場が底堅いことが分かった。

では、将来性はどうだろうか。

直近の調査を見ると、コインランドリーの店舗数が毎年5％以上のペースで増え続けている。しかもここ数年では、その増加率はより増加し、今がまさに市場の拡大期

コインオペレーションクリーニング営業施設の推移

●コインランドリーの施設数は、前年比105％前後で増加していく予測となっている。

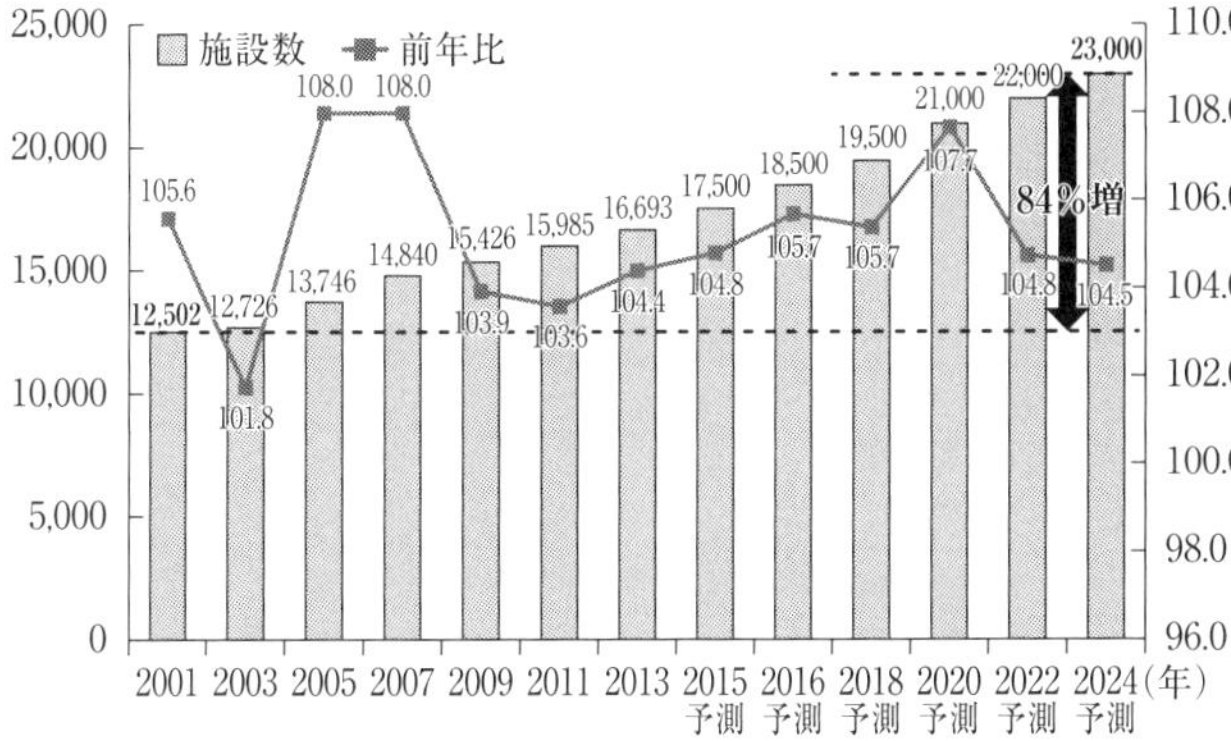

※厚生労働省「コインオペレーションクリーニング営業施設の営業実態調査」をもとに弊社作成
棒グラフはコインランドリー施設数（左目盛り）、折れ線は前年比（右目盛り）

といってもいいだろう。

その背景にはいくつかの要因があると思う。

1つ目は、乾燥機の需要が増えていることだ。

かつてのコインランドリーは町の洗濯場であった。その名のとおり、洗濯機を持たない人が洗濯するために利用していた。

しかし、今は洗濯より乾燥だ。外に干せない、安心して乾かしたいという理由でコインランドリーを利用する人が増えているのだ。

なぜ干せないかというと、地球温暖化の影響などによってゲリラ豪雨が増えている。ちょっと出かけている間にゲリラ豪雨に見舞われ、洗濯し直しになった経験を持つ人は少なくないはずだ。

また、春は黄砂があるし、ＰＭ２・５も飛んでくる。そういう環境では安心して洗濯物を干すことができない。洗濯機はほとんどの家にあるが、乾燥機の普及率は、伸びてきているとはいえ、まだ半数ちょっと（約56％）だ。しかも乾燥するのに時間もお金も結構かかる。

そこで、女性を中心に利用する人が増えた。雨の不安がなく、干す手間もなく、干している間に汚れることもなく、30分もしないうちに終わるという長所が注目され、地味な存在だったコインランドリー市場に新たな需要が生まれた。「外に干せない」という現代の悩みに、コインランドリーという何十年も放置されてきた解決策がマッチしたといってもいいだろう。

また、新たな店舗が増えたことによって、見た目や内装もきれいになった。

かつてのコインランドリーは実用性一本で勝負してきたため、店内がきれいかどうかより、服を洗うという機能のほうが重要だった。利用者の中心層が一人暮らしの男性や学生だったため、店内や外装をきれいにする必要がなかったともいえる。

しかし、今の主な利用者は女性であり、彼女たちはそうは思わない。

男女平等の時代になったとはいえ、家庭で洗濯を担当するのは女性のほうが多い。その女性が使おうと思うくらい清潔でおしゃれな環境でなければ需要は伸びないのだ。

その点、コインランドリーは市場そのものが伸びたことで新規の店が増えた。

新しい店はきれいだし、女性の利用を想定しているからさらにきれいになる。これも利用者の増加を後押しする一因になっている。

共働き世帯の悩みを解消

コインランドリー市場が拡大している2つ目の要因は、共働き世帯が増えていることだ。

専業主婦世帯と共働き世帯は1990年代に逆転し、今は共働き世帯が専業主婦世帯の2倍近くまで増えている。

共働きの家庭で大変なのは、あらゆる家事をするための時間が足りないことだ。仕事が遅くなるとスーパーが閉まってしまう。だからコンビニが必要になる。

スーパーが開いている時間に間に合ったとしても、作る時間がない。だからお惣菜を買う。参考データを紹介しておくと、日本惣菜協会の「2023年版惣菜白書」によるとお惣菜（中食）の市場は伸び続け、2022年には10兆円を突破している。家事代行サービスも好調で、将来的には6000億円市場になるだろうという経済産業省が2014年に公表した試算がある。

これらはいずれも、専業主婦世帯から共働き世帯に変わったことで生まれた需要だ。料理や食事のように生活と密着するものは、働き方やライフスタイルの変化が大きな影響を与える。

洗濯も同じで、共働きの人は洗濯する時間がない。夜に洗濯機を回す場合、マンション暮らしの人は騒音を気にしなければならない。朝に洗濯して干すこともできるが、干しっぱなしにすると雨の心配がある。女性は外に干したくないだろうし、かといって部屋干しして生乾きのにおいがするのはもっと嫌だ。

そこで、コインランドリーという選択肢が出てくる。

急ぎの洗濯物なら、近くにコインランドリーがある。

乾燥だけなら30分で終わる。

そういう需要がコインランドリーの注目度を高め、市場を育てる要因になっている。

主婦の共感を呼ぶ店づくり

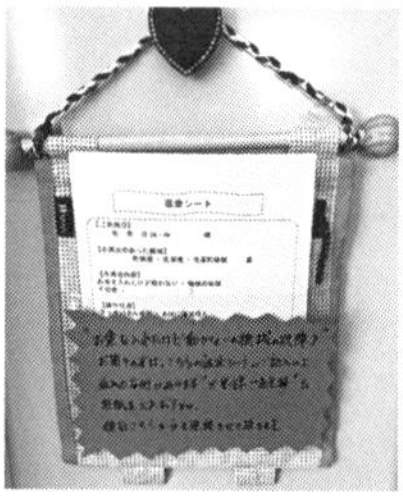

返金シート入れ

不具合があった際に、電話が設置してあるが、気づかない・分からない。
泣き寝入りしてしまうお客様を減らすために採用。

羽毛布団の洗い方について

お客様からいちばん聞かれることが多い羽毛布団の洗い方を説明。

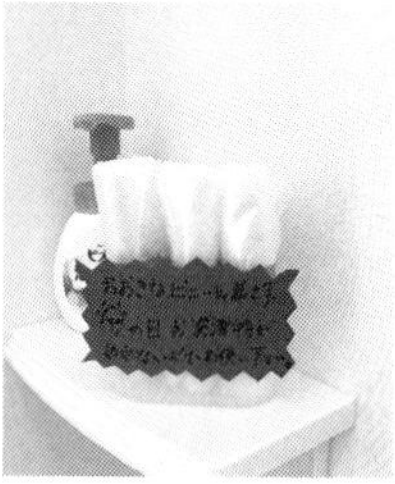

雨の日用の大きなビニール袋

せっかく乾燥機をかけていただいた洗濯物を濡らさないように70Lの大きなビニール袋を設置。

週末にまとめて洗う場合も、干しっぱなしにすると突然の雨が怖い。かといって、見張っているわけにもいかないし、せっかくの休日なのだから出かけたい。

それなら、コインランドリーに持っていけば短時間で終わる。短時間で終わらせて、あとはゆっくり休日を楽しめる。そういうニーズも利用者の増加につながっている。

社会的な変化として高齢化も影響している。

高齢者が増え、自宅で介護する人も増え、シーツや毛布などを洗う必要性が増した。しかし、家庭用の洗濯機では洗えない。洗えたとしても、やはり干すのが大変だ。マンションの場合は、規則として布団などの大物をベランダに干せない場合もあるし、クリーニングに出すこともできるが、日々のことだから節約心がはたらく。また、コインランドリーであればクリーニングと違い、その日のうちに出来上がる。

ここでもコインランドリーという選択にたどり着く。

かつては家庭に洗濯機がないという社会的背景が需要を作っていたが、今は夫婦の働き方や高齢化といった社会的な変化が需要を生んでいる。

共働き世帯数と専業主婦世帯数の推移

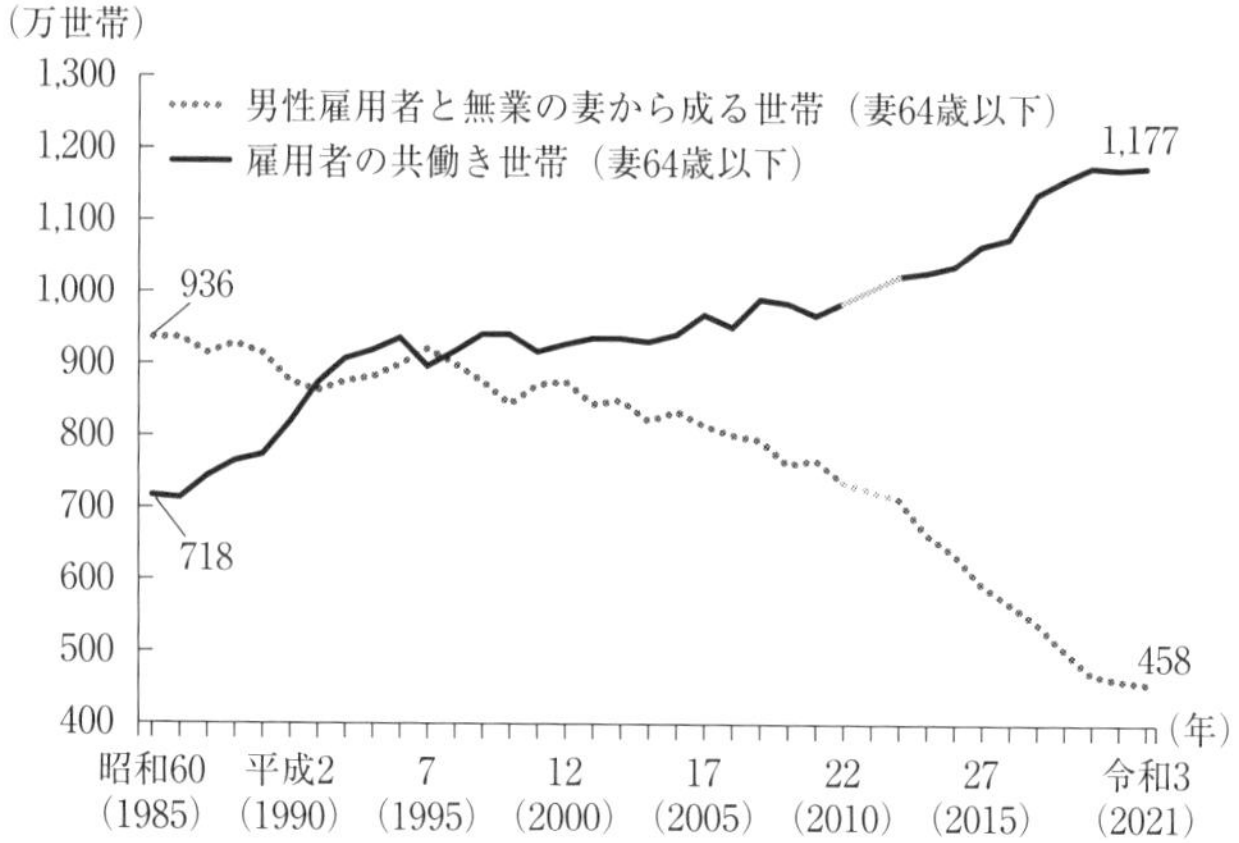

※平成22、23年の値は、岩手県・宮城県・福島県を除く全国の結果
出典：男女共同参画局「男女共同参画白書　令和4年版」

共働きと高齢化は今後も進むだろう。

そう考えると、コインランドリーの需要はまだまだ伸びる余地があり、市場もさらに拡大していくだろうと考えられるのだ。

アレルギー対策の需要も増加

子どもを持つ家庭などではアレルギーも心配だ。

これもコインランドリーの利用につながっている要因の一つである。

アレルギーのある人ならよく分かるだろうが、春先にベランダに布団を干すのが嫌なのはスギ花粉が大量に付くからだ。花粉にまみれた布団で寝ることを想像するだけで、思わずくしゃみが出そうになる人もいるかもしれない。かといって、万年床も避けたい。

そうすると、選択肢は自ずとコインランドリーに絞られてくる。

ハウスダストアレルギーも同じだ。

ハウスダストという名前がついているが、主な原因はダニの死骸やダニのフンで、

アレルギー性鼻炎およびスギ花粉症の有病率

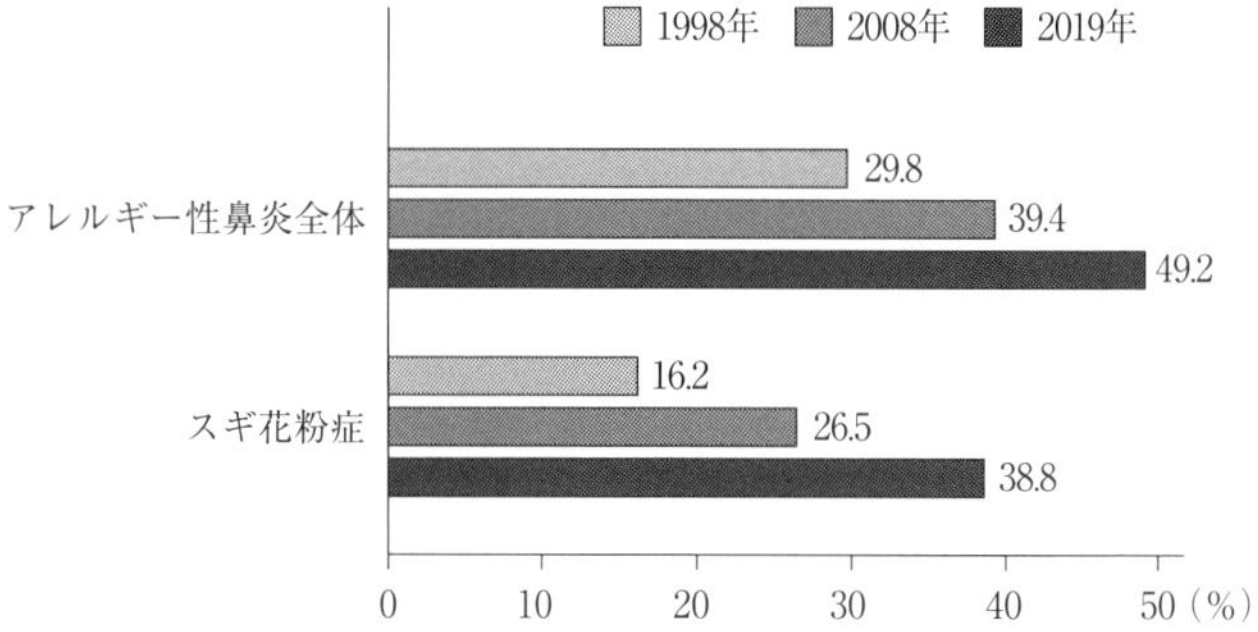

出典：日本耳鼻咽喉科頭頸部外科学会

ダニの数・死骸・フン量の年間推移

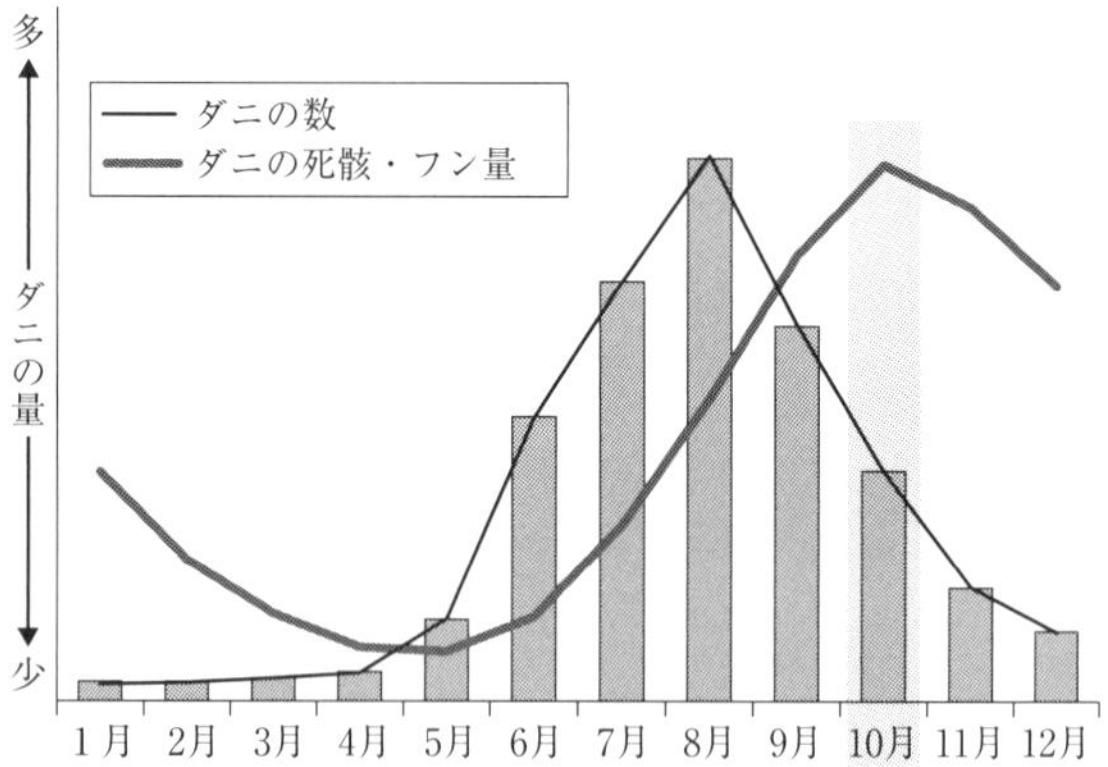

※レイコップ調べ

ハウスダストアレルギーの人は、だいたいダニアレルギーなのだという。

このダニはチリダニと呼ばれ、顕微鏡でしか認識できないほど非常に小さなダニで、アレルギー性の鼻炎だけでなく、喘息やアトピー性皮膚炎の原因にもなるといわれている。アレルギーの家族を持つ人にとってダニ対策は非常に重要なのだ。

チリダニは、人の垢《あか》やフケ、汗などを餌として、暗いところを好み、布団1枚には2万～30万匹いるというデータもある。

このチリダニが、春先から急激に増殖して8月頃に数が最も増え、毎日6個のフンをし、10月頃に寝具は死骸とフンだらけになる。それがアレルギーのもと（アレルゲン）となるのだ。

厄介なのは、このチリダニは異常に生命力が強いということだ。天日干しをしても、洗濯をしてもほとんどが生き残る。

このチリダニを死滅させられる方法はただ一つ。それは60℃以上の熱だけだ。

そして60℃の熱を効率的に寝具に加えられるのは業務用の乾燥機しかない。

実際にわが社も研究所を使って実験を行ってみた。一枚の毛布に50万匹のチリダニを付着させてしばらく置いたのち、コインランドリーの乾燥機で100円分乾燥させてみた。研究所も驚いていたがダニは100％死滅した。

余談だが、ダニ退治で布団を洗う場合は、最初に洗濯機に入れてはいけない。なぜなら、ダニは洗っても死滅しないからである。

手順としては、まず寝具を100円分だけ乾燥機に入れる。これでチリダニを死滅させ、その後、洗濯機で洗い、アレルゲンであるダニの死骸とフンを洗い流す。そして最後に、もう1回乾燥機に入れる。アレルギーのある子どもなどがいる場合はこの方法で洗ってみてほしい。

競合が増えることもプラスになる

現状、コインランドリーの事業者は徐々に増えつつある。その結果、街中でコインランドリーを見かける機会が増えている。

すると「コインランドリーが増えているけど、そんなに便利なのだろうか」という興味が生まれ、「友人がよく使っていて、満足しているらしい」といった口コミも生まれ、需要が喚起されていく。

一度使って便利さを感じれば、リピートする人も増えるだろう。

今がまさにその状態で、供給側が主導しながら市場が成長している状態と見ることができるのだ。

別の言い方をすると、これから成長していく市場では、競合が増えていくこともプラスの効果を生むということだ。

一般的に、競合が多いのはデメリットだと思われているが、それは成熟した市場での話である。市場規模が決まっていて、さらに成長する余地が小さいため、競合に勝ってシェアをとることが重要になる。

一方、成長市場内の競合は、もちろんシェアを争う相手ではあるのだが、同時に、一緒に市場規模の拡大を目指すパートナーのような役割も持っている。

まさに供給が需要を創っている段階に入ってきている。

そこも、まだ市場が小さいコインランドリーの魅力といえるだろう。

不安定な天候、共働き世帯の増加、アレルギー対策の需要。ここまで解説したとおり、コインランドリーの市場はこれから堅調に伸びていくであろう。

ただ、ビジネスは入口と出口が重要だ。業界が成熟したときにどのポジションにい

ランドリー事業の特徴

- **人がいらない現金商売**
（人の採用・教育・貸倒・在庫なし）
- **利益率が高い**
（損益分岐点が低く・利益が出しやすい）
- **生活密着型ビジネス**
（定着型・習慣型ビジネス）

全国に約2万3000店舗（10年間で２倍以上）

欧米諸国の全世帯のランドリー利用率は**20%**を超える
日本の利用率はわずか**６%**程度

るかが課題である。

この二つの視点を考慮すれば、どこに出店するかという「立地」と「出店後のマーケティング戦略」がカギとなる。

まずは「立地」であるが、出店の判断ソースは、エリアに関しては世帯数、交通量、未来人口の増減、共働き率、世帯の平均所得、男女比率と年齢構成比率などを検討する必要がある。

また、具体的な出店場所に関しては、ターゲットは主婦であるため主婦が立ち寄りやすい場所。大物や洗濯物を持ってくるために来店手段は車であることから、主婦が車で立ち寄りやすく、かつ駐車しやすいかどうか。コインランドリーは時間短縮ビジネスのため時間短縮に効果的な場所、ついでに主婦のやりたいことがしやすい場所。

そしてさらに重要なのは、後発出店の店舗に負けない立地。これらを考慮しつくして行き着いた結論、それが、「スーパーやホームセンターなどの商業施設」への出店である。

第3章

最強の立地「商業施設」へ出店せよ！
確実に収益を上げる
コインランドリービジネス

成長産業だからといって簡単に参入すべきではない

コインランドリービジネスが成長市場であることは間違いない。コインランドリー事業をとりあえず始めればうまくいくかもしれない。しかし、それだけで新規事業を始めるのは経営者としては間違っていると私は思う。

なぜなら前章でお話ししたように、事業には入口と出口がある。特にこの手の資産形成ビジネスは、流行りすたりがない分、長期にわたり確実に収益を上げ最終段階で振り返った際に、この事業進出が失敗なのか、成功なのか、大成功なのかを初めて認識する。失敗はないにしてもいかに大成功に近いものにするかという考えが、経営者には必要ではないだろうか。

また、成長市場であるため、競合が今後多く存在してくるということになる。そういう状況になる前にいかに手を打っておくかということが重要となる。つまり市場が成熟したときにどのポジションにいるか、コインランドリーであればどこに出店しているかがカギとなる。

繰り返しになるが、ターゲットは主婦であるため主婦が車で立ち寄りやすく駐車しやすいこと。また、コインランドリーは時間短縮ビジネスのため時間短縮に効果的で、ついでに主婦のやりたいことがしやすい場所。そして、リピート商売のためいかにリピート率を上げるか、そのうえ、後発出店の競合に負けないこと。

その結論が「スーパーやホームセンターなどの商業施設」への出店である。

なぜ、そうなのかは以降で検証していく。

商業施設への出店が成功のカギを握る

私がコインランドリーについて研究しているとき、コインランドリー利用者がどういう動きをしているかの情報を集めた。それは、コインランドリーを利用中はほとんどの人が、店舗内で待つことはなく、洗濯している間にスーパーやホームセンターで買い物をしているということであった。

ここで重要なのは、コインランドリー提供者の私たちの視点ではなく、利用する主婦の視点でものを考えることだ。このことは全ての事業に当たり前にいえることだが、これがなかなか難しい。

主婦の視点からの発想はこうだ。洗濯中の退屈な時間に何をして埋めようではなく、洗濯中の空き時間を有効に使う方法を考えているということだ。もっと言えば、洗濯中に何かをするのではなく、何かをしている間に洗濯をするという考え方をしているといったほうがいいだろう。主役はコインランドリーではない。

つまり、私たちが考えるべきは、コインランドリーを利用することを主役にするのではなく、あくまでコインランドリー利用を、何か日常的で重要なことの脇役にすることができないかという視点である。その主役を主婦が週に何回も行う買い物に持ってきた。それが結論である。

例えば、スーパーマーケットの駐車場にコインランドリーがあったらどうだろう。買い物をしている間に洗濯が終わる。一カ所で家事が２つ片付く。これはメリットが大きい。

じっと洗濯を待つだけの手持ち無沙汰な時間が買い物の時間になる。毎日買い物に行くスーパーなら、ついでに毎日洗濯ができる。

洗濯にかける時間も実質的に短くなり、時間短縮ビジネスがさらに効果を増す。

コインランドリーにかかる実質的な時間は、洗濯物を入れる時間と乾燥した衣類を取り出す時間だ。合計してもおそらく数分だろう。洗濯と乾燥が終わるまで待つ時間が買い物する時間に変わるということは、洗濯にかける時間が数分になるということなのだ。このことを認識したことにより、成功するコインランドリーのビジネスモデルがみえた。

それは、郊外にある大型のスーパーやショッピングセンターと組み、その敷地内に出店するというビジネスモデルである。

商業施設への出店メリット①
便利でリピートしやすい

たまに顧問先の経営者に、「先生のところはいいですね、毎月の売上がある程度確定していて入金される」と言われることがある。確かに税務顧問やコンサルティングは、月額を決め毎月口座引き落としをして売上が成り立っている。この安定感は、本当にありがたいことだと思う。

通常の事業では、毎月1日売上ゼロからスタートする。そういう意味ではリピート売上ほど強い売上はない。

コインランドリーも同じである。飲食店のように今日はこの店に行こうとか、来週はここにしようという発想が、コインランドリー利用者にはない。たいてい、行きつけのコインランドリーを利用している。

ちなみに、集客にかかるコストを比べると、新規の利用者を集めるためのコストは、リピート客を呼ぶコストの5倍になるといわれる。

これを、マーケティングの世界で1：5の法則という。コストを抑えることも経営安定につながる重要なポイントだ。その点から見てもリピート獲得は非常に重要といえるだろう。

リピートで重要なのは便利さとリピートしやすい環境だ。

便利さについてはいうまでもないだろう。

買い物と洗濯が一カ所でできる。移動時間が短縮でき、洗濯を待っている時間がなくなる。

これが特に響くのが、共働きしている夫婦だ。共働き夫婦は家事のために使える時間が少なく、時間を有効に使いたいと思っている。週末には食料品や日用品などをまとめ買いしたいと思っている人も多いだろうし、その際にたまった洗濯物を片付けられたら非常に便利だ。

そういう人はスーパーとコインランドリーの組み合わせを便利だと感じてくれるだろう。休日の楽しみとして、ショッピングセンターを見て回りたい人は、ショッピングセンターとコインランドリーの組み合わせに価値を感じてくれるはずだ。

リピートしやすい環境についても、郊外型の店舗は駐車場が大きいため車で通える。駐車場が広いため、満車になることが少なく、停めやすい。

また、商圏の規模はコインランドリーよりもスーパーのほうが広い。ショッピングセンターはさらに広い。

これも重要なポイントだ。商圏が広いほど見込み客の数は増え、リピートしてくれる人の数も増えやすくなるのである。

商業施設への出店メリット②
十分な駐車場スペースを確保できる

利用する側の視点から見ると、まずまとまった量の洗濯物や布団・シーツなどの大物を洗いたいという需要がある。

そのため、車で持っていけるのが便利であり、駐車場がある店がよい。

街中のコインランドリーはそこが難点だ。たまに街中に駐車場つきのコインランドリーを見かけることがあるが、土地が狭いせいもあって駐車場が2台分くらいしかない。しかも、かなり高い確率で駐車場は埋まっている。

店側から見ると、これは強烈な機会損失だ。店内に空いているマシンがあるにもかかわらず、車が停められないからお客さんが別の店に行ってしまう。まさかコインランドリーを使うために、コインパーキングに停める人はいないだろう。

コインランドリーの稼働率は12〜14％くらいだ。10台くらいあっても、暇なときは1台くらいしか動いていないため、残り9台をどうやって稼働させるかが重要だ。そう考えると、なおさら駐車場が少ないことによる機会損失は痛い。

そこで見えてくるのが、十分な土地が確保できる郊外に出店するという戦略だ。土地が広ければ店舗も駐車場も大きくできる。さらに都市部と比べて土地代も安くなるから、損益分岐点も下がる。

商圏内での需要獲得という点から見ても、コインランドリーのメインターゲットとなるのは共働きの家庭や子どもを持つ家庭だ。そのため、一人暮らしが多い都市部や、高齢者ばかりの地方より、都市部の通勤圏である郊外が良い。女性の利用者の比率が高くなると考えれば、駐車場が広く、あまり運転に自信がない人でも停めやすい駐車場を作ることもポイントになるだろう。

車で来る人を想定し、車で利用しやすい場所に出店する。

駐車場を用意して利便性を高める。

そういう環境が利用者のリピートしやすい環境であり、それこそが商業施設なのである。そのような環境で出店することがコインランドリーの基本戦略といえるだろう。

商業施設への出店メリット③
〝競合不在〟

商業施設との提携には、もう一つ大きな効果がある。

それは、スーパーやショッピングセンターの商圏の中で、同業他社と競争する必要性がほとんどなくなるということだ。

一つの施設の敷地内にコインランドリーが2つあっても仕方がない。つまり、施設内に良い店が一店あれば十分であるため、その場所に出店することさえできれば、その後の運営が安定しやすくなるのだ。

どれだけ素晴らしいサービスを提供していても、競合が多いほど経営は厳しくなる。例えば、飲食業は衣食住関連であり、安定した収益が見込めるが、とにかく競合店が多い。美容室も生活密着型だが、やはり店舗数が多く、競争が激しい。

そういう環境で生き残っていくためには差別化の努力が必要であり、他者（社）との差別化になる優位性を持っていない場合は値下げ競争に巻き込まれやすくなる。マーケティング用語でレッドオーシャンといわれる状況だ。

資格制度などがあり、参入障壁が高かったとしても事情は同じだ。美容師もそうだが、税理士などの士業や歯科医のような仕事でも、競合が多ければ経営は苦しくなり、供給過多が原因で廃業に追い込まれることがあるのだ。

その点、商業施設内のコインランドリーは競合について考える必要がほとんどない。施設内の需要は独占可能だし、施設の外にあるコインランドリーに対しても、スーパーやショッピングセンターでの買い物需要と組み合わせることで圧倒的に有利に戦うことができる。ショッピングセンターの商圏が半径3㎞くらいだとしたら、そのエリアがブルーオーシャンとなる。

この先行者利益は大きい。

商業施設へ出店することは難しいのか

では、商業施設にコインランドリーを出店することは簡単にできるのだろうか。

実はここが、とんでもなく難しかった。郊外型の大型スーパーやショッピングセンターは世の中にいくつもある。家賃を払えば出店できそうなものである。

事業開始当時、コインランドリーの出店を各商業施設に交渉に行った。商業施設の風当たりは非常に厳しかった。商業施設の開発担当からは、コインランドリーなんか儲かるんですか、途中で撤退されても困る、そんな微々たる家賃では貸せない、排水による土壌汚染は大丈夫か、うちはもうクリーニング店があるからだめだ、今の時期忙しいので来年来てくれませんか、といった具合にほとんど相手にされなかった。
それでも、コツコツと開発担当者のところに通い、コインランドリーの便利さと商業施設との相性の良さを伝え続けた。徐々に担当者も聞く耳を持つようになり、ようやく第一号店がオープンした。

ある中部エリアでかなりの店舗を保有するスーパーの開発部長も、初めは理解をしてくれなかったが、私たちの熱心さに負け、一店舗だけ出店を了承してくれた。その店の駐車場にコインランドリーがオープンして1カ月ほどすると、その開発部長から電話が入った。電話の内容はこうだ、「コインランドリーいいね。お客さんが便利なところにコインランドリーを作ってくれたって大喜びで、店長がお礼を言いたいといっている。ほかにも何店舗か相談したいから来てくれないか」というものだった。

最近ではもっと面白い話がある。中部の大手商業施設の開発担当者から連絡が入り、「ほかの商業施設には御社のコインランドリーがたくさん出店しているのに、私たちのところにはなぜ話を持ってきてくれないのか」という内容であった。その商業施設は、事業を開始した頃にお願いに行き、門前払いをされた商業施設だった。今では私たちの会社としか契約しないことを約束してくれ、多くの店舗で話が進んでいる。

この数年間で商業施設のコインランドリーへの認識は大きく変わった。いちばん初めに私たちが出店したある大手ショッピングモールは、今後全ての新店の開発には、コインランドリーを入れていく方針が決まった。

今では、私たちのもとに1カ月に数件、3年先までの新規開発店舗の図面が届くまでに至っている。まだまだ全国には地元に密着した未開発の商業施設がたくさんあり、今後も全国的に開発交渉を進めていく。

商業施設出店にはさまざまなハードルがある

商業施設への出店は、コインランドリー経営には非常に強力なものになる。
しかし、当然のことだが商業施設だから無条件に出店するというわけではない。

エリアに関しては、商圏の世帯数、昼人口、夜人口、世帯の平均年齢、家族構成、世帯の平均所得、近くに独身寮はあるか、など徹底的に調査する。

また、その商業施設がそのエリアでどういう立ち位置なのか、競合の商業施設との力関係はどうか、売上規模は、月間のレジ通過人数など、検討する項目は非常に多い。

次に競合コインランドリーがどれくらいの規模でどのくらいの距離にあり、どの程度の規模のランドリーなのか、機器の台数、価格、新しさ、駐車場の台数はどうか、これらも非常に重要なポイントだ。

そうして私たちが出店したいと考える商業施設を洗い出し、交渉が始まる。

ここからが実はハードルが非常に多い。まずは、行政の関係の立地法・都市計画法のハードルである。

立地法は「大規模小売店舗立地法（大店立地法）」のことで、昔の大店法のことである。売り場面積1000㎡を超える店舗が対象となり、駐車場台数確保の規定からさまざまな取り決めがある。当社のコインランドリーは、基本的に駐車場5台もしくは6台ほどを潰してコインランドリーを建築する。商業施設は、立地法の規定ぎりぎりで駐車場を確保していることが多いために、駐車場台数を減らすと立地法に抵触してしまう。

次に都市計画法であるが、これには各エリアの用途区分が規制されている。つまりお店を作っていい場所、住居しか建築ができないエリアなど詳細に用途地域の規定がされているのだ。用途地域は第一種低層住居専用地域など13種類があるが、コインランドリーは工場扱いになるため、出店できる用途地域が限られる。

商業施設への出店の険しい道のりは、これだけではない。

商業施設のほとんどは土地を地権者から借り、定期借地契約を結んで事業を行っている。そこにコインランドリーを出店するのであれば、当然地権者の転貸承認が必要となる。地権者が会社の場合もあれば、中には16人の地権者がいる場所もある。一人でも地権者が反対すれば出店は難しくなる。

また、コインランドリーは水を使う。建築で頭を悩ますのがこの水道の問題である。コインランドリーは業務用の機器のため、給水も排水も普通の引き込みでは間に合わない。この引き込みにコストがかかる。引き込みの距離は15ｍから１００ｍを超える場所もあり、ここにコストがたくさんかかる。資産形成ビジネスであるコインランドリーに初期コストは非常に重要であり、この引き込みにコストがかかりすぎる場合は、出店をオーナーに勧めることができず断念せざるを得ない。

ようやくこれらをクリアして商業施設に出店申し込みをするのだが、本部に申し込みが回って家賃が決定される。この家賃が高ければ、損益分岐点が高くなり収益が上げにくくなる。これまでの苦労から、喉から手が出るほどの物件でも、オーナーのために諦めざるを得ない。

これまで私たちは6000店舗以上を調査してきた。その中でさまざまなハードルを乗り越え、しかもこの店舗なら確実に収益を上げられると考えた店舗は、なんと調査した店舗の5%程度。いかに商業施設への出店が難しいことか理解していただけるであろう。

先にもお話ししたように、最近では新店の開発情報がたくさん当社に入ってくる。

２０２２年までの情報で40店舗以上の情報を現在保有している。新店開発のタイミングから話が進めばこのようなハードルはほとんどなくなる。

フランチャイズのメリット①
開業までの時間とコストを削減できる

これまで話してきたように、中小企業が個別に商業施設などと交渉し、敷地内にコインランドリーを建てるのはおそらく難しいだろう。

やる気があり、資金が調達でき、ビジネスモデルに優位性があったとしても、出店場所がなければ事業にならない。

そこで私が目を向けたのが、フランチャイズの仕組みだった。

私たちがフランチャイズの本部となって、出店可能な商業施設を全国規模で探す。

商業施設の売上、来場者数などを調べ、商圏の需要調査もする。

出店候補となる商業施設との交渉も行う。中小企業が単体で交渉するより、すでに開店実績がある私たちが交渉したほうがうまくいく可能性が高い。

そこまでやって収益性が見込める優良な出店候補地を絞り込む。

そのうえで、出店希望者を募る。

すぐにでも出店できるパッケージ型事業として提供することで、出店者はいきなりスタートラインに立つことができるわけだ。

出店を検討している経営者は、やるかやらないか意思決定するだけでいい。

やると決めた場合、自分で調査してスタートするよりも事業の成功率も高くなるだろう。未知の市場について独自の調査を行い、良さそうな出店場所を選ぶのは難しい。見知らぬ土地に店を出すのはリスクが大きいし、売上予測も立てづらい。しかし、私たちはすでにいくつも出店を手がけている。より正確に市場分析や売上予測ができるため、私たちが選んだ場所に出店するほうが成功する可能性が大きくなる。

フランチャイズのメリット②
開店から運営までをバックアップ

出店場所が決まったら、次は建築工事と機器の設置だ。

どんなデザインにするのか、建築会社の選定も重要だ。デザイン料も建築設計費用もかかるし、いちばん安くてしっかり建ててくれる建築業者を探すのも大変だ。いい加減な建築業者では、せっかく商業施設に出店できるのに、商業施設とのトラブルになりかねないし、まったくコインランドリーを作った経験がない業者ではのちのちトラブルが多発する可能性もある。機器の種類はどのようなものにするのか、初めて作るのだからまったく分からないだろう。

次に開店後の店舗運営はどうだろう。

開店後は、広告のデザインや内容はどうすべきで、何が効果的か、備品は何がいるのか、価格設定はどうすべきか。

また、営業中の利用者からの問い合わせにどう答えるのか、夜中に電話がかかってくるかもしれない、どうしても現地に行って対応しなければならないこともある、集金はどうする、機械のトラブルの対処法はどうするのか、とやることはかなりたくさんある。

特に本業と異なる市場に参入する場合は、開店後に想定していなかった課題とぶつかるものだ。マシンのトラブルが起きることもあるだろうし、利用者からクレームを受けることもある。

どの業種でもクレームはあるだろうが、業界が違えば対応方法も変わる。またこのクレームにしっかり対応することもリピート客を獲得することになる。ノウハウ、経験、マニュアルがない状態でそのような課題を乗り越えていくのは難しい。

私たちには、これまで手がけてきた複数の加盟店（フランチャイジー）のデータがある。1店舗での情報と300店舗での情報では、あらゆる情報が300倍になる。その情報を集め運営の効率化に活かしていく。さまざまな運営上の情報と対策をパッケージ化して提供できる。このような情報は、異業種から新規参入する会社が独自に集めるデータとは量とスピードが違う。

これらを考慮すると、出店はできたとしてもその後の運営が大変である。そこで私たちは、開店準備から日々の運営まで全ての業務を完全バックアップすることにした。

オーナーさんは、現場を管理するパートさんを雇用し、研修や教育は私の会社が請け負う。インターネットでいつでも現状の売上が確認でき、ウェブカメラから店内をいつでも確認できる。店舗の経営に関する利用金額の決定、イベントやポイント還元率の決定など経営に直接関係があるものはオーナーさんが行い、運営管理を行うパートさんのサポートは私の会社が行う。

つまりオーナーは、コインランドリーの経営について300店舗の運営ノウハウとマーケティング戦略を加盟するだけで得られることになる。

トラブルの即時対応と店舗のパートさん常駐

現場のトラブルの対処は、迅速であればあるほどいいに決まっている。

例えば、私たちの店舗には、お店で利用者が困ったときやトラブルがあった場合、本部に直通で24時間つながる電話機が設置されている。また、各店舗のマシンはインターネット上のシステムで管理し、遠隔操作できるようになっている。

このようなフォロー体制を作っておくことで、例えば、お金を入れてマシンが動かなかったときなどに受話器を取るだけで本部に連絡ができ、遠隔操作でほかの機械を無料で動かすとか、投入したお金を返金するなどしてその場で解決ができる。通常のコインランドリーは無人であるため、どこに連絡すればいいのか分からないし、連絡が取れても即時対応は無理だ。利用者が泣き寝入りするようなことになれば、二度と来店してくれないだろう。

また、これまでのコンサルティングの経験から、どのような店舗であっても、その店のことを自分事として考える人がいなければならないと考えている。アルバイトだけで回している飲食店はそれなりの店だし、気持ちの入っていない店はすぐに分かる。私たちの店舗も、他店のように店内清掃や機器のフィルターの掃除などを外注にするかどうかの検討を行ったが、やはり本部の意向を理解した人間が現場に少ない時間でもいなければならないという結論に至った。

そこで各店舗に、３６５日９時から12時までの３時間、パートのスタッフに常駐してもらうことにした。

この狙いは間違いなかった。現場のパートさんたちには、本部から私たちの事業のテーマである「コインランドリーのあるライフスタイルの提案」をすり込んでいるため意識が違う。

また、主婦の目線から店舗内のことや利用者のニーズによく気がつく。

本部とパートさんはグループのLINEでつながっていて、出勤でないパートさんとも情報共有を毎日行っている。オーナーさんには、パートさんたちに毎月一定の金額のプリペイドカードを配布してもらい、パートさん自らが利用者としてコインランドリーを使うことでニーズを引き出す。その経験を活かして、お客さんにコインランドリーの利用方法をアドバイスする。

私たちの店舗には忘れ物ボックスはなく、忘れ物ごとにきれいにたたんでビニール袋で包んである。ここには書ききれないが、パートさんに常駐してもらう効果は非常に大きい。

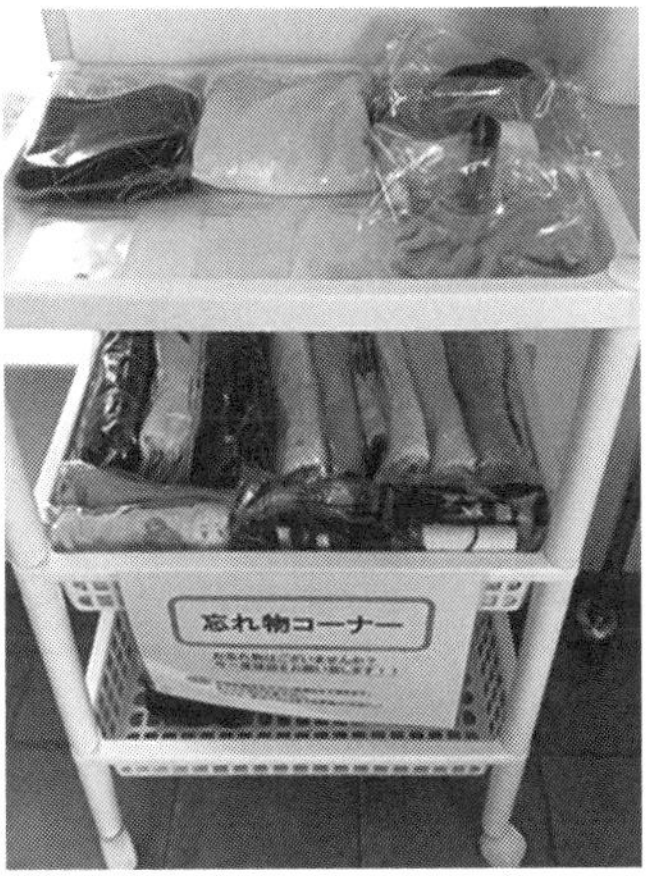

店舗内の忘れ物コーナー

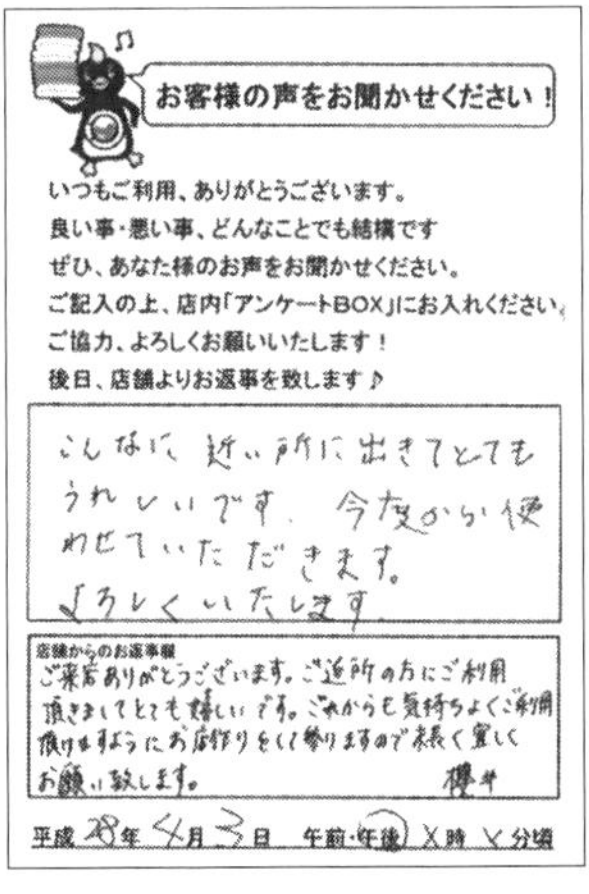

お客様の声をお聞かせください！

いつもご利用、ありがとうございます。
良い事・悪い事、どんなことでも結構です
ぜひ、あなた様のお声をお聞かせください。
ご記入の上、店内「アンケートBOX」にお入れください。
ご協力、よろしくお願いいたします！
後日、店舗よりお返事を致します♪

こんなに近い所に出きてとてもうれしいです。今度から使わせていただきます。
よろしくいたします。

店舗からのお返事欄
ご来店ありがとうございます。ご近所の方にご利用頂きましてとても嬉しいです。これからも気持ちよくご利用頂けますようにお店作りをして参りますので末長く宜しくお願い致します。　櫻井

平成28年4月3日　午前・午後X時X分頃

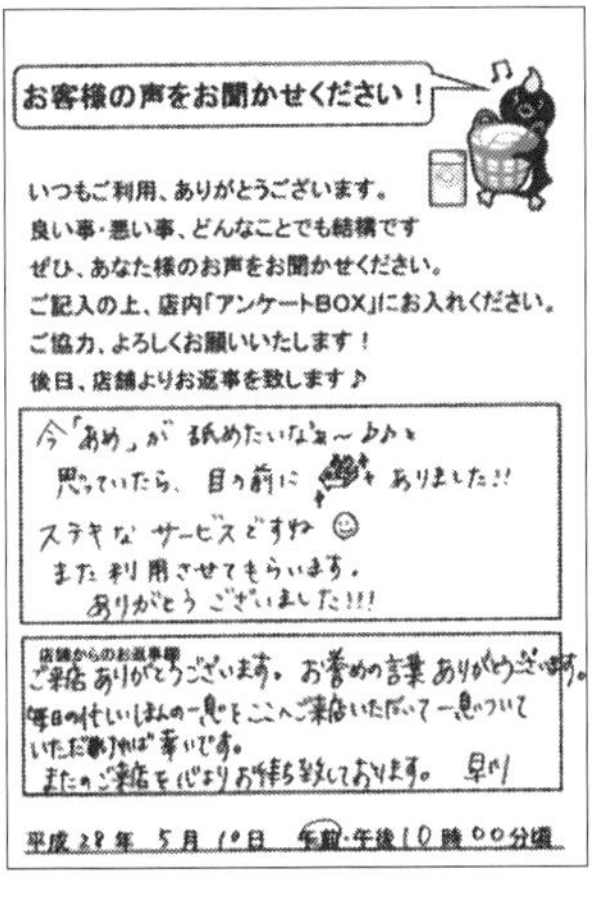

お客様の声をお聞かせください！

いつもご利用、ありがとうございます。
良い事・悪い事、どんなことでも結構です
ぜひ、あなた様のお声をお聞かせください。
ご記入の上、店内「アンケートBOX」にお入れください。
ご協力、よろしくお願いいたします！
後日、店舗よりお返事を致します♪

今「あめ」が舐めたいなぁ～♪♪と思っていたら、目の前にありました!!
ステキなサービスですね
また利用させてもらいます。
ありがとうございました!!!

店舗からのお返事欄
ご来店ありがとうございます。お誉めの言葉ありがとうございます。
毎日の忙しいほんの一息をここへご来店いただいて一息ついていただければ幸いです。
またのご来店を心よりお待ち致しております。　早川

平成28年5月10日　午前・午後10時00分頃

コインランドリー利用者へのアンケート

本部と加盟店はパートナーの関係

これまで、新規事業には非常に便利という点で、フランチャイズという仕組みをおすすめしてきた。しかし、私はもともとフランチャイズの仕組みがあまり好きではない。本部だけが着実に儲かり、リスクは加盟店に背負わせるようなフランチャイズに加盟し、損をした経営者をたくさん知っているからだ。仕組みを説明するためにフランチャイズという言葉を使ったが、できれば別の言葉を使いたいとも思っている。

ただ、中小企業の経営者たちにコインランドリー事業をすすめたいと思ったときに、未経験でも参入しやすく、開店前から開店後の支援まで全面的にサポートできるようにしたかった。

そのための方法を考えたら、いわゆるフランチャイズに近い仕組みにたどり着いたということだ。

私が考えている事業をもう少し正確にいうと、マーケティングの分野などで経営を支援する本部と、パッケージ化した仕組みを使って自分の会社を安定させたい加盟店のパートナーシップだ。

パートナーであるから、本部と加盟店がそれぞれの責任を果たし、それぞれが適正なリターンを得る。リスクとリターンの比率も同じにする。

フランチャイズ本部として、私たちは店舗管理費用を売上の20％から10万円を引いた金額をもらっている。この費用は、パートさんの教育、24時間電話対応、緊急時の現地への出張費、インターネット契約、1年に1回の外装クリーニングが含まれる。最低月額は2万円に設定してあるものの、その管理店舗が軌道に乗りオーナーが儲かるまで完全に赤字だ。

さらに私の会社では、スーパーバイザー制度を設けて、経験を積んだ人間が15店舗から20店舗を担当し、その店舗が良くなり売上を上げることのみを業務として勤務している。そのコストも含まれているから、本部としても各店舗の売上が完全に自分事となる。この仕組みには賛否両論があったが、私たちはこの仕組みでいくことを結論とした。

まさに、その関係性があるから、本部と加盟店のきずなは強くなり、本来ビジネスのあるべき姿であるウィンウィンの関係が出来上がっていく。

これまでになかったマーケティング戦略

フランチャイズであれば、加盟店舗の売上を上げることは本部の重要な役割の一つだ。

私が、コインランドリーの業界を調査して驚いた話として、まったくといっていいほどマーケティング戦略の構築がされていないということを書いた。

昔からある古い店舗では、集金して初めて売上が分かるような店舗さえあり、機器ごとの売上や時間帯別の売上などがまったく分析されていない。

また、ポイントが付くメンバーカードやプリペイドカードは存在し、結構たくさんの店舗で使われている。しかし、これはすでに利用しているお客さんに対しての囲い込みの施策であり、本来のマーケティングではない。

私が思うに、このような未成熟の業界でのマーケティングは、いかに利用していない人に利用客になってもらうかの戦略的施策が重要だと考える。

またコインランドリーの売上は天気に非常に左右される。雨降りは面白いように売上が上がり、土日の売上も高い。機器の稼働率が12〜14%であることは繰り返し話してきたが、土日の雨の日は、稼働率は80%近くなることもある。タイミング的に機器が全て利用中となり、店舗には来たが帰ってしまうお客さんもいる。

この点を考えれば、収益を上げるマーケティングは、稼働率を平準化して少しでも稼働率を上げること、そして利用したことのない見込み客をいかに利用客にしていくかがキーとなる。

これをアナログで行おうとすると費用対効果が得られないため、私たちは、コストをかけずにこれらの施策を実行する方法を構築してみた。

集客や売上向上のためにＬＩＮＥを利用することにしたのだ。現在、ＬＩＮＥ経由の会員数は35万人を超え、今も毎月１万人以上の増加を続けている。これは他社の１店舗当たりの平均会員数の10倍近くに匹敵する。早くからＬＩＮＥを使ったコインランドリーマーケティングの可能性に着目していた私の会社は、このＬＩＮＥの便利さを最大限に発揮する「ブルスカなび３」を長い年月と膨大なコストをかけて完成させた。

利用者はＬＩＮＥに登録すれば、店舗の空き状況や洗濯完了通知を確認でき、店舗にある集中精算機でさまざまな電子決済が可能となる。アプリ内で便利でお得なポイントカードを購入し、財布を持たずにコインランドリーを利用できる。

また、独自のＬＩＮＥアプリを使ってターゲットをセグメント化し、「有効な情報を有効な対象に有効なタイミングで」配信している。キャンペーンの告知やクーポンの配布、アンケートまで一貫した双方向のコミュニケーションが取れるツールとして活用している。例えば、ランドリーの稼働率が下がる晴れの日には、大物洗いの割引サービスのキャンペーンの告知を行うなどだ。

こういったマーケティング戦略を駆使し、利用者とつながることでリピーターの増加にもつながるのだ。多様化するライフスタイルに対応し、利用者の満足度向上にも貢献している。

さて、ここまでがフランチャイズの仕組みを使ったコインランドリー経営の仕組みだ。

次章では、具体的な収益の例を見ながら、コインランドリー事業の売上について見てみたい。

BLUE SKY LAUNDRY
ショッピング DE
コインランドリー
羽毛ふとん
大物もOK!
乾燥機で
ご利用金額10%
ポイント還元!!
OPEN! 営業時間
6:00 ～ 23:00

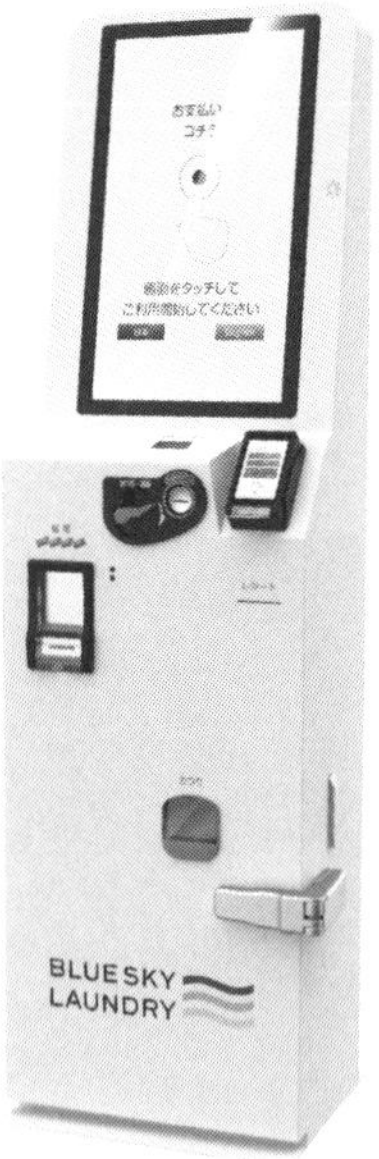
BLUE SKY
LAUNDRY

ブルスカなび 3

BLUE SKY
LAUNDRY

コインランドリー
BLUE SKY LAUNDRY

第4章

経営者の人生設計に合わせて考える「コインランドリー経営」の出口戦略

コインランドリービジネスを始める目的は人それぞれ

コインランドリーに注目する経営者は増えている。

最近では、私たちのもとに銀行や税理士さんの紹介でお客さんが話を聞きに来る。その目的はさまざまだが、現在コインランドリー事業をしているオーナー様の事例を少し紹介したいと思う。

属人的経営に疲れ、早い段階のセミリタイヤのため

——人材派遣の会社を経営するK社長

K社長との出会いは、K社長が独立する際、会社を設立する相談に来たときが初めてとなる。以来、長期にわたり会計顧問をやらせていただいている。この15年の間には、さまざまな経験をともにしてきた。派遣会社に対する行政の制度改正の対応、取締役の背任行為の対処など……。

K社長は、非常に実直で取引先からの信頼も厚く、これまで順調に業績を伸ばしてきた。取締役の背任行為以来、会社の規模は横ばいで安定した売上と利益を出している会社だ。もっと規模を増やしたらどうかという話を最近していた。

ある日、K社長と、会社の業績報告を朝から私の会社の事務所でしているときであった。10時頃K社長の電話が鳴った。K社長はすごく嫌そうな顔をして、発信先を覗き込んだ。相手が銀行からだと分かると、K社長はほっとした感じで電話に出た。銀行が電話してきたのは会社の試算表が欲しいという件だった。私はK社長の電話が鳴ったときのK社長の嫌そうな顔が気になり質問した。

「何か問題が起こっているのですか?」と聞くと、K社長が答えた。

「人材派遣の会社に朝かかってくる電話のほとんどは、現場のトラブルの電話ばかりです。人が来ていない、遅刻した、無断で休んだ。朝10時まで電話が鳴らないように、毎日祈っています。私が急遽現場に入ることもたまにあります。だから朝一番でかかってくる電話が怖いです。職業病ですね。そういう理由で、あまり会社を大規模にしたくないのです。ノイローゼになってしまいますから。早いところでセミリタイヤしたいですよ」と話した。

そこで私は、事業の多角化と未来の資産形成のためにコインランドリーの話をした。ビジネスの特徴、これからの市場のことなど。

K社長は、すぐにでもやりたいと言ってくれた。

しかし、まだこのビジネスが構想段階であり、調査しているから待つように言って別れた。

それから6カ月後に、K社長と再度お会いする機会があったとき、この6カ月の動きを聞いてびっくりした。K社長は、近くのコインランドリーをほぼ回りつくして情報を集め、すでにコインランドリー出店のための物件を10件以上視察しており、事業計画の相談、建築会社の選定、機器の配置の相談が来たのだ。

K社長は、物件の家賃が駐車場付きだととても高く、私の注意すべき点としてお話しした損益分岐点が上がってしまう問題を悩んでいた。

そこで私のほうから、コインランドリー事業のモデル化が済み、ちょうど出店物件が出てきたので、そのことをお話しした。

その場で契約は成立して、記念すべき私の顧問先での1号店が4カ月後にオープンした。9年経ったお店は非常に順調で、現在K社長は2店舗のオーナーを務めている。

今後の業界の動向に不安を覚え、多角化のため

――通信機器販売会社を経営するM社長

M社長は私のいちばん古いお客様で約20年ほどの付き合いになる、お会いした当初は、私は税理士事務所に勤務していて、彼はまだ個人事業主で確定申告の相談であった。当時はお互い20代で話も合った。M社長はその後法人を設立し私も取締役に入った。私の役割は最高財務責任者といったところだろうか、買収の話から店のスクラップアンドビルドまで多岐にわたって携わらせてもらった。出会った当初は売上高5000万円、従業員2名の個人事業主だったが、今では売上高100億円を超え従業員も300人を超えている。

彼の悩みは、この先の通信業界に対する不安からの事業の多角化であった。不動産を購入してコンビニにも貸した。儲かると聞いて株式投資もした。しかし入口と出口

で考えればたいして収益にならないものばかりで、株式投資もやりつくし「結局、素人がやる株式投資は博打と同じですね」と言っていた。

そこで私はコインランドリーの話をした。事業の特性、これからの市場に関する私の考え。

すると彼は、全ての話に納得したようで最後にこう質問した。

「これは銀行借り入れでできるのですか？」

「まだ銀行はコインランドリーが儲かることを認識していませんが、御社であれば運転資金として、十分に借り入れできるでしょう」と私が答えると、「このビジネスは20年ビジネスなんですよね？　利回りが5％を切ることはありますか？　また利回り15％を超えることはあり得ますか？」

私は、すでに数店舗の実績から、5％を切ることはなく15％になる可能性もある旨を話した。するとM社長は、「だったら5軒やります」

私は驚いてもう少しゆっくりやっていきましょう、と話したが、「だって銀行から資金を借りて身銭を切らずに始められて、20年で必ず元が取れて、利回り15％になればｌ件当たり８０００万円以上儲かる可能性がある。それで僕が退職するときにはそのコインランドリーを退職金の代わりにもらえるんでしょ？　やらない理由が見つからない」という。

そして翌週には契約を結び、すぐにとりあえず３件分といい１億２０００万円を振り込んできた。

今では10軒のオーナーを務めている。

どこまで事業が続けられるかの不安と相続対策のため
――約40年、内科医院をやっているS医師

ある銀行からコインランドリーのオーナー候補として紹介されたSさんは、内科医院を開院して約40年、そろそろ引退を考えていた。

医者の仕事は大変だ。病気の人をたくさん診察するが、自分は診察が毎日あるので病気にはなれない。体の調子も悪く、いつ診察できなくなるのか分からないという。

Sさんには子どもが3人いるが跡を継ぐ者はいない。

Sさんは相続が起こったときに子どもたちが争わないように、金ばかり残すのではなく、金を生む資産を残したいと考えていたようだ。

また、借入付きで収益物件を購入すれば未来の相続対策になるということで、コインランドリーに興味がわいたのである。

コインランドリー事業の話をしたところ、すぐに物件を紹介してほしいと言われた。開業以来、借り入れをしたことがなかったSさんには、資金調達のお手伝いもした。紹介してくれた金融機関には申し訳ないが、金利をとんでもなく下げて15年返済、1年据え置きで融資は決まった。

想像がつくと思うが、通常であれば、資産形成ビジネスであるコインランドリーを全額借入で行うと、収益が返済に回るため、返済が終わるまでほとんど実入りがない。しかし、この返済期間で1年据え置きだと、いきなり1カ月目から現金が入ってくる。

Sさんは私に言った。

「このビジネスは、書類を書くとお金が入ってくるビジネスだね」

現在、2軒のコインランドリーのオーナーを務めている。

店舗内のイメージ

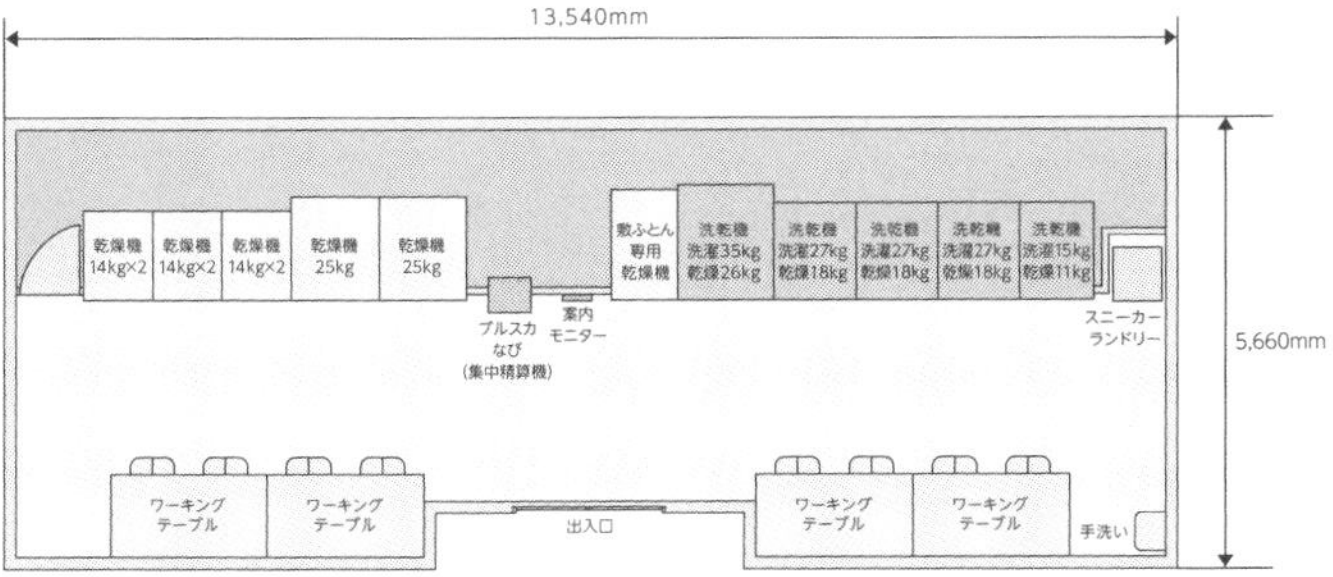
13,540mm
5,660mm
乾燥機 14kg×2
乾燥機 14kg×2
乾燥機 14kg×2
乾燥機 25kg
乾燥機 25kg
敷ふとん 専用 乾燥機
洗乾機 洗濯35kg 乾燥26kg
洗乾機 洗濯27kg 乾燥18kg
洗乾機 洗濯27kg 乾燥18kg
洗乾機 洗濯27kg 乾燥18kg
洗乾機 洗濯15kg 乾燥11kg
プルスカ なび （集中精算機）
案内 モニター
スニーカー ランドリー
ワーキング テーブル
ワーキング テーブル
出入口
ワーキング テーブル
ワーキング テーブル
手洗い

WASH & DRY
洗う。+
乾かす。

コインランドリーの売上シミュレーション

ここまでコインランドリーのメリットや今後の需要予測、さまざまな目的を説明した。それでは実際に、コインランドリーはどれほどの収益が上がるのか見てみよう。

標準的な店舗の広さは約20坪。コインランドリーとしては大型にあたり、洗濯機と乾燥機を合わせて12機16台の設置を一つのフォーマットにしている。もともと来場者数の多い商業施設に作るため、たくさん利用者が来たときに対応できる店舗でなければ、機会利益の損失となる。

この標準的な店舗で運営を開始する場合、初期の投資金額は次のとおりになる。

【初期投資金額】（税抜き）

●建物設備：1800万円（物件により多少異なる）
●機械装置：2800万円
●オープン準備費用：100万円

4700万円ほどの投資金額で、商業施設で大型のコインランドリーをスタートすることができる。

次に毎月の売上予測を計算してみよう。まずは客単価だ。

コインランドリーは一般衣類の乾燥のみであれば300〜400円程度、布団などの大物洗いと乾燥の場合1300〜1500円、平均して1回当たりの利用金額が約800円になる。1時間当たりの利用者数は2人と見積もり、それを営業時間で計算すると、毎月の売上が次の金額になる。

《毎月の売上》
800円（客単価）×2人（利用者数）×17時間（営業時間）×30日＝
81万6000円

《毎月の支出》
●変動費（電気、ガス、水道、洗剤等）：20万4000円（売上×25％）
●賃料：15万円（物件により異なる）
●店舗サポート費：6万3200円（売上×20％－10万円）
●パートさん賃金、保険料、償却資産税、通信料：約10万円

これらを計算すると収支合計は概算で29万8800円。年間の収益は358万5600円となり、約8％の表面投資利回りとなる。収益を上げるには十分な数字だ。

今回は利用者数を2人としたが、これが1時間当たり3人で計算すると、月間で約

122万4000円の売上になり、年間収益は567万8400円なので投資利回りは約12％にもなる。（店舗サポート費は売上によって段階があり、売上が120万円以上の場合、売上×20％－5万円となる）

利回り20％も夢じゃない？

先ほどのシミュレーションのように、たった1時間に2人の利用で利回り8％を出しているが、機器の稼働率は12％だ。普通の生産工場であれば即廃業の数字である。

しかし、コインランドリーはこの程度の稼働率で着実に収益を稼ぐ。

なぜこのような稼働率なのか？

理由は先に書いたように、利用者が雨降りに殺到するからである。天候の影響をもろに食らうため、すいているときはほとんど利用者がいない。

各店舗の日々の売上

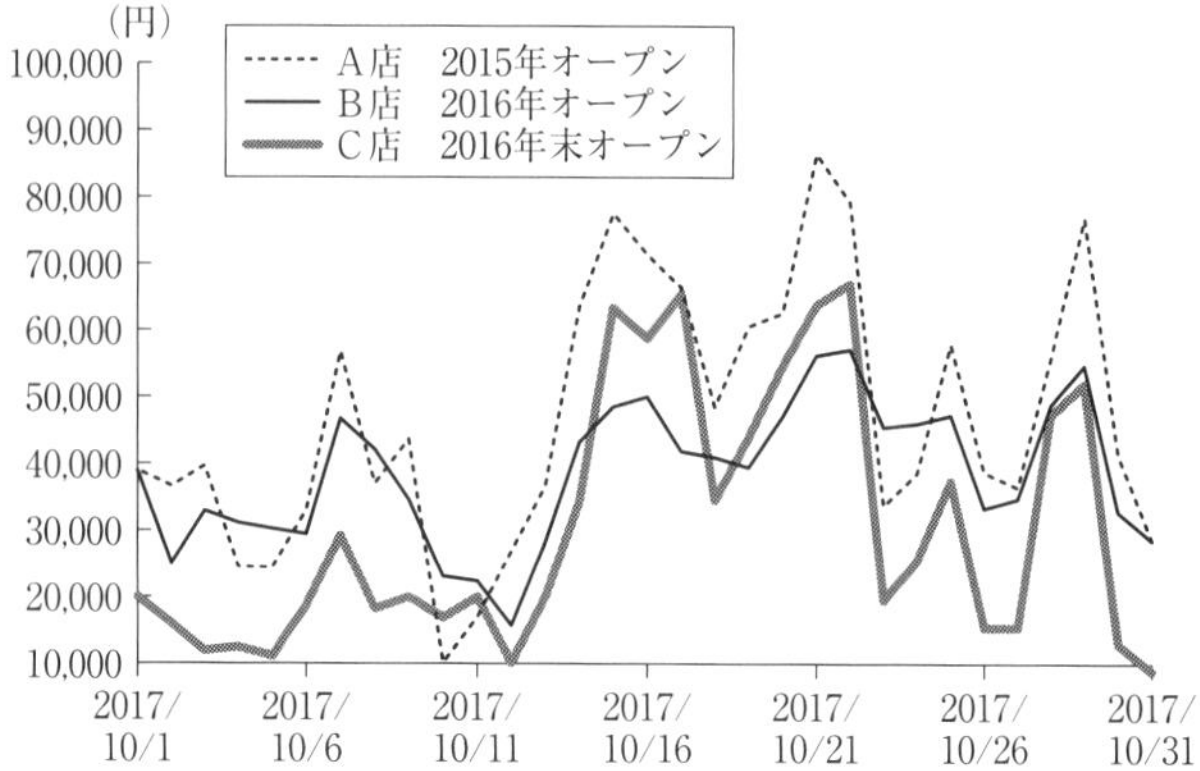

上のグラフは、私たちの管理するコインランドリーの日々の売上をグラフにしたものだ。数字が上がっているところは雨の日、数字が下がっているところは天気の良い日。オープンしてからの経過年数が1年目から3年目の同じエリアの別のお店を比較しても同じ動きとなっている。

また次のページのグラフは、先ほどと同じ店舗の月の売上を比較したものだが、この年は空梅雨《からつゆ》で秋雨前線がすごかった年だった。年数を経過するごとに全体の売上は上昇していくが、天候と時期にかなり影響されることがお分かりいただけるだろう。

各店舗の月々の売上

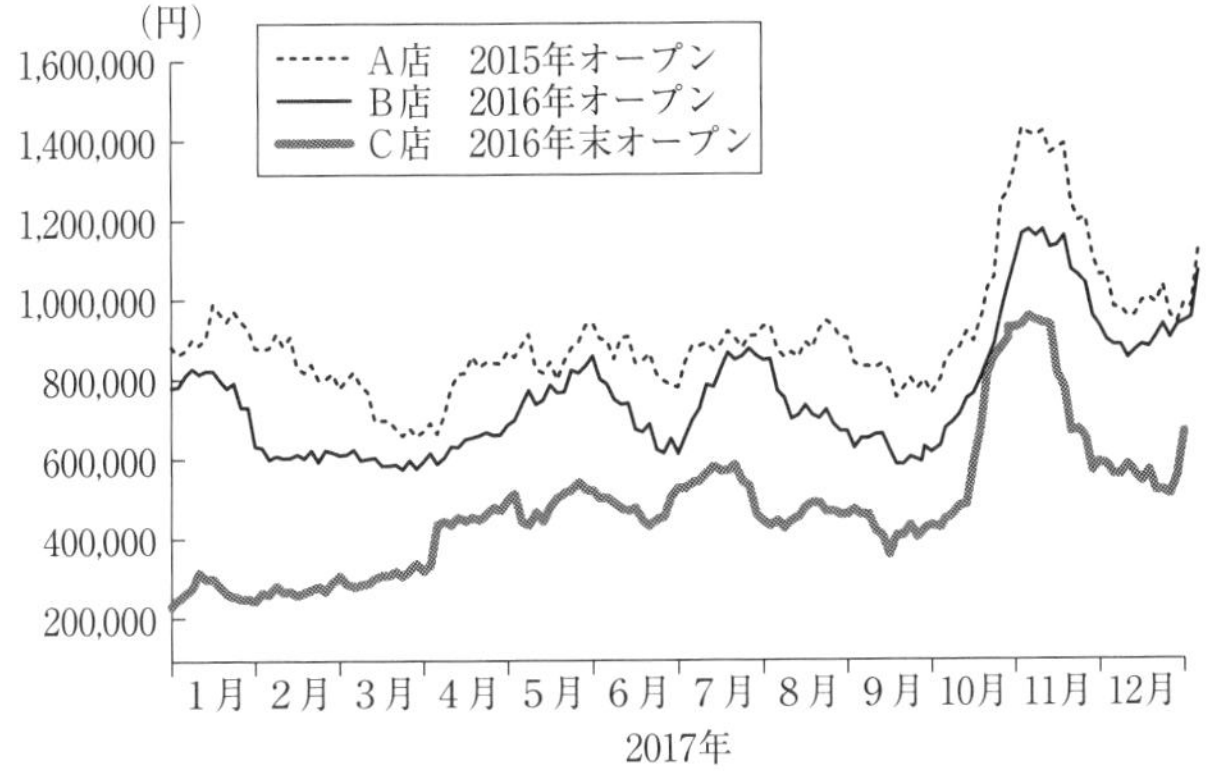

最近のコインランドリーの利用は、一般衣類の乾燥と、布団などの大物洗いだ。天候に影響されるのは乾燥だけであるから、大物洗いが増えてくれれば天気のいい日の売上が底上げされる。つまり稼働率が上がれば収益が上がることとなるのだ。実際に洗濯機がよく回る店舗の稼働率は高い。これは、コインランドリーが、まだまだ本当のポテンシャルを発揮できていないということだと思う。

そしてこのポテンシャルを引き出すためには、車で大物を運んで来やすい場所が必要となる。私たちが商業施設にしか出店しない理由もそこにある。

では今度は、稼働率がどの程度上がると利回りがどのようになるか検証してみよう。

次の表は先ほどの機器の配置で稼働率ごとの粗利益の比較をしたものだが、先ほど同様に計算をしてみると、例えば稼働率20％の場合、月の売上は１３８万４２２２円となり、年間収益６７３万５８６５円、利回り14％となる。仮に25％の稼働率が実現できれば年間収益は９０１万９８２８円となり利回りは19％となる。

しかし、この稼働率をここまで上げることは可能なのだろうか？

試しに商業施設の来場者数から利用客を計算してシミュレーションしてみよう。


私たちは出店する際、商業施設の売上情報をたいていの場合入手できる。


仮にその商業施設が15億円の売上だとしよう。ちょっとした商業施設であればそれぐらいの売上だ。

商業施設のレジ通過人数は年間延べ60万人。月間５万人が来場する計算となる。

稼働率による売上表

稼働率	月売上	原　価	粗利益
12%	¥830,533	¥207,633	¥622,900
13%	¥899,744	¥224,936	¥674,808
14%	¥968,955	¥242,239	¥726,716
15%	¥1,038,166	¥259,542	¥778,625
16%	¥1,107,377	¥276,844	¥830,533
17%	¥1,176,588	¥294,147	¥882,441
18%	¥1,245,799	¥311,450	¥934,350
19%	¥1,315,011	¥328,753	¥986,258
20%	¥1,384,222	¥346,056	¥1,038,166
21%	¥1,453,433	¥363,358	¥1,090,075
22%	¥1,522,644	¥380,661	¥1,141,983
23%	¥1,591,855	¥397,964	¥1,193,891
24%	¥1,661,066	¥415,267	¥1,245,799
25%	¥1,730,277	¥432,569	¥1,297,708

日本のランドリー利用率は5％なので約2500人の見込み客が来場している。仮にこの来場者が全員コインランドリーを利用してくれたとしたら、単純計算で月間売上は200万円となり機器稼働率30％で利回り22・7％となる。

もう一つ商業施設の強みをお話しすると、商業施設にはちょっとしたスーパーでも50人ほどのパートさんがいる。このパートさんたちも共働きの見込み客にはならないだろうか。

今はまだ可能性の話だが、これまでの話と欧米のコインランドリー利用率が20％であることを考えれば、日本の特に商業施設でのコインランドリー経営は、潜在的な可能性を大きく秘めているといえるのではないか。

時間がかかるにしてもマーケティングの戦略によっては、まだまだ利用者を取り込むことができ、伸びしろも大きい。これも私が面白いと思っている理由の一つでもあ

利回りの考え方

利回り＝１年間に得られる収益÷投資金額

投資金額＝4700万円
最終収益＝235万円→利回り＝**5%**
最終利益＝470万円→利回り＝**10%**
最終利益＝705万円→利回り＝**15%**

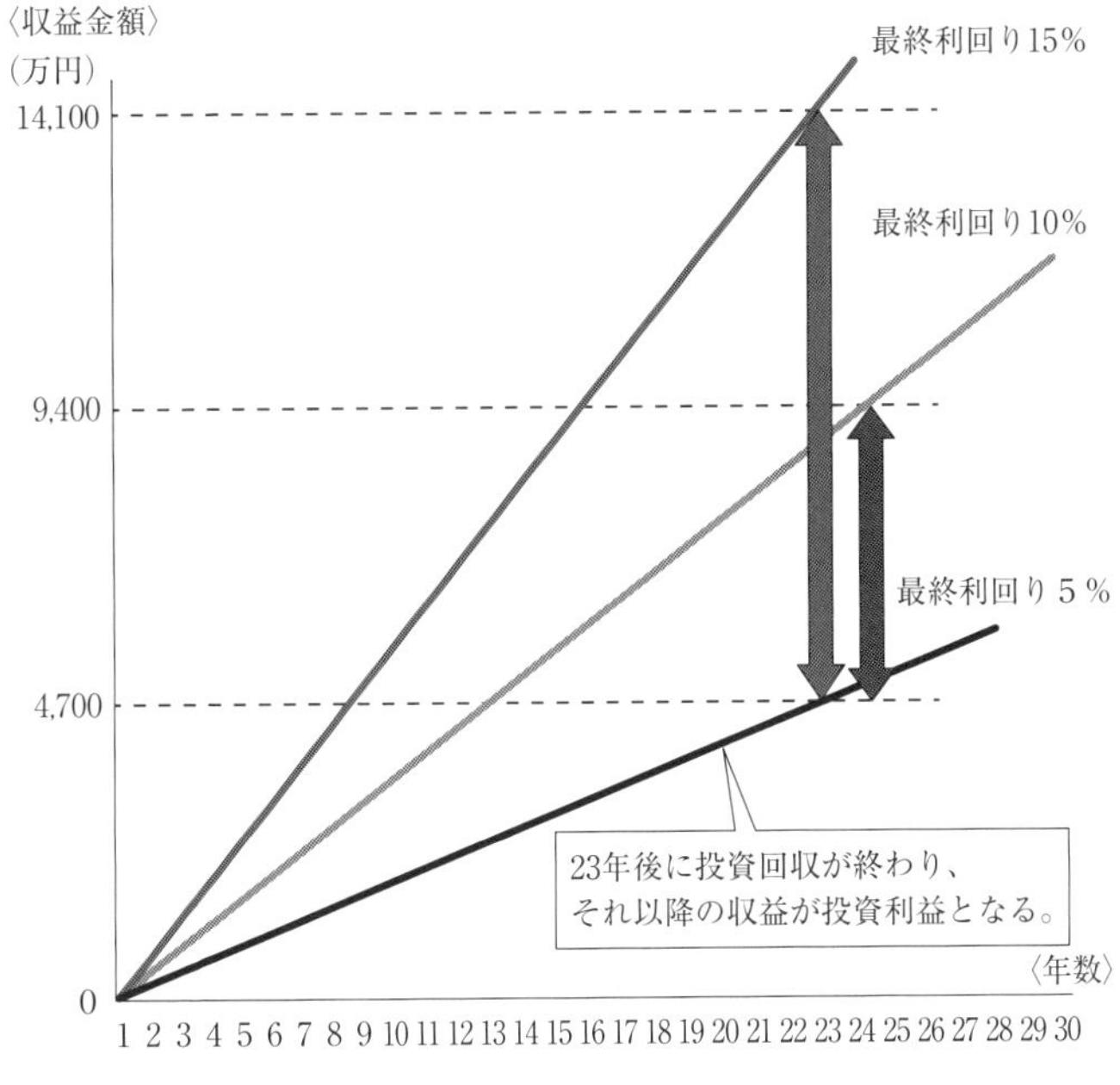

るのだ。

では、これらの予想をベースにした場合、投資資金の回収と収益はどのように進むのか。先述のように、標準的な初期投資金額4700万円として計算したのが、次の表になる。

ここで大事なポイントは、不動産でも同じだが、コインランドリーのような長い年数で行うビジネスは、利回りが少し変わるだけで未来の収益がとんでもなく差がつくということだ。


最低限の予測数値である利回り9%だとすると、回収に11・1年かかり、20年間の運営では3760万円の増加資金となる。マーケティング施策の成功等により、この利回りを15%にできれば20年間の収益は1億4100万円で、キャッシュは9400万円も増えることになる。実現可能かは置いておいて、仮に25%の利回りであれば、20年間の増加資金はなんと1億8800円のキャッシュが増えることとなる。

最終利回り別投資回収後の増加資金

4,700万円投入20年運営				単位（円）
利回り	年間利益	20年間収益	回収年数	増加資金
5％	2,350,000	47,000,000	20.0	0
6％	2,820,000	56,400,000	16.7	9,400,000
7％	3,290,000	65,800,000	14.3	18,800,000
8％	3,760,000	75,200,000	12.5	28,200,000
9％	4,230,000	84,600,000	11.1	37,600,000
10％	4,700,000	94,000,000	10.0	47,000,000
11％	5,170,000	103,400,000	9.1	56,400,000
12％	5,640,000	112,800,000	8.3	65,800,000
13％	6,110,000	122,200,000	7.7	75,200,000
14％	6,580,000	131,600,000	7.1	84,600,000
15％	7,050,000	141,000,000	6.7	94,000,000

少し利回りが上がるだけで、20年ではかなりの差となる。

また、投資回収ビジネスにおいて最も重要なのはそのビジネスの寿命である。いくら利回りが20%を超えていたとしても、その寿命が5年を切ってしまえば投資自体意味がなくなってしまう。

私の顧問先が流行りもののビジネスに投資することに反対する最大の理由がそれである。

オープンまでの流れ

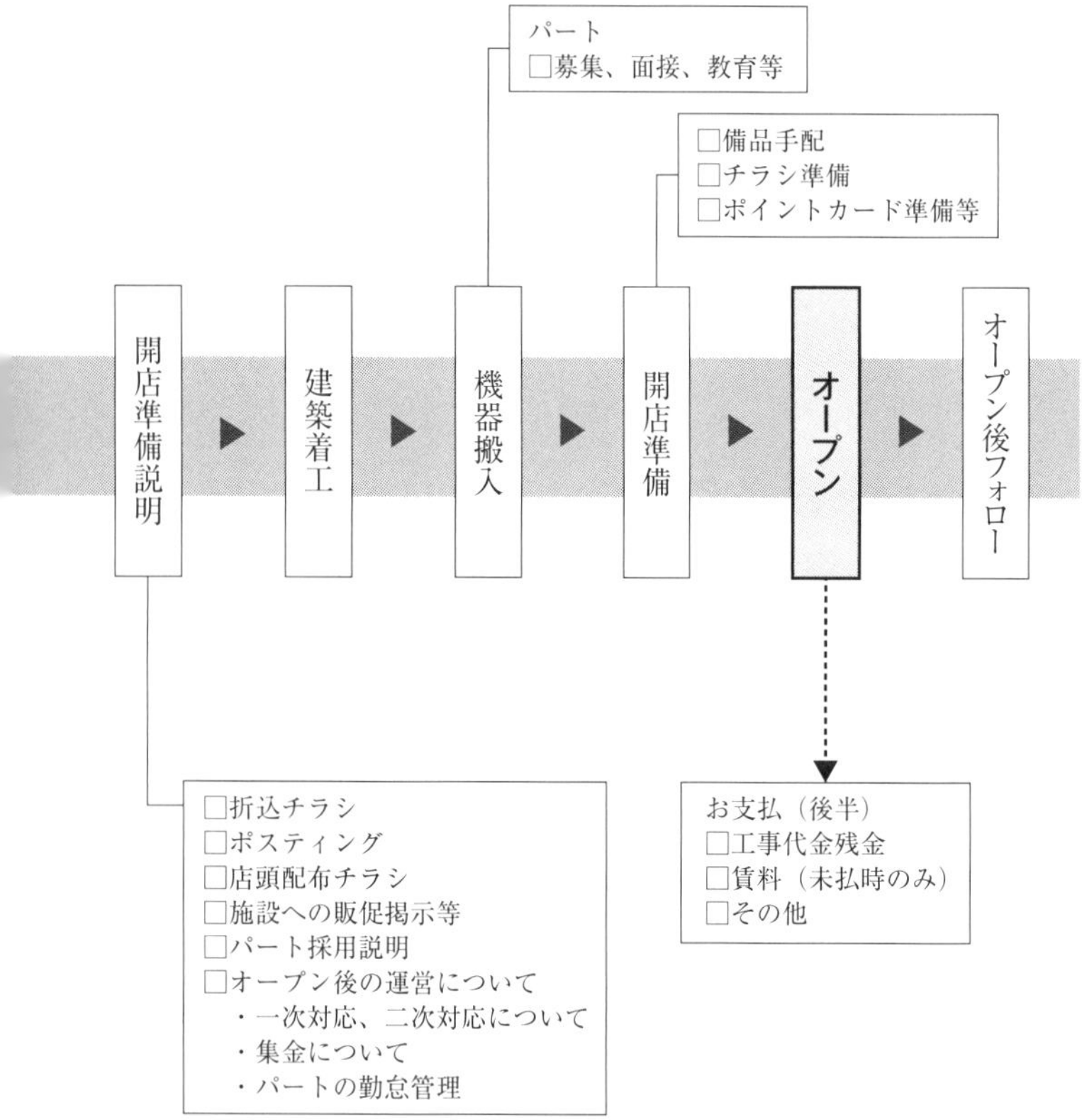
パート
□募集、面接、教育等
□備品手配
□チラシ準備
□ポイントカード準備等
開店準備説明
建築着工
機器搬入
開店準備
オープン
オープン後フォロー
□折込チラシ
□ポスティング
□店頭配布チラシ
□施設への販促掲示等
□パート採用説明
□オープン後の運営について
・一次対応、二次対応について
・集金について
・パートの勤怠管理
お支払（後半）
□工事代金残金
□賃料（未払時のみ）
□その他

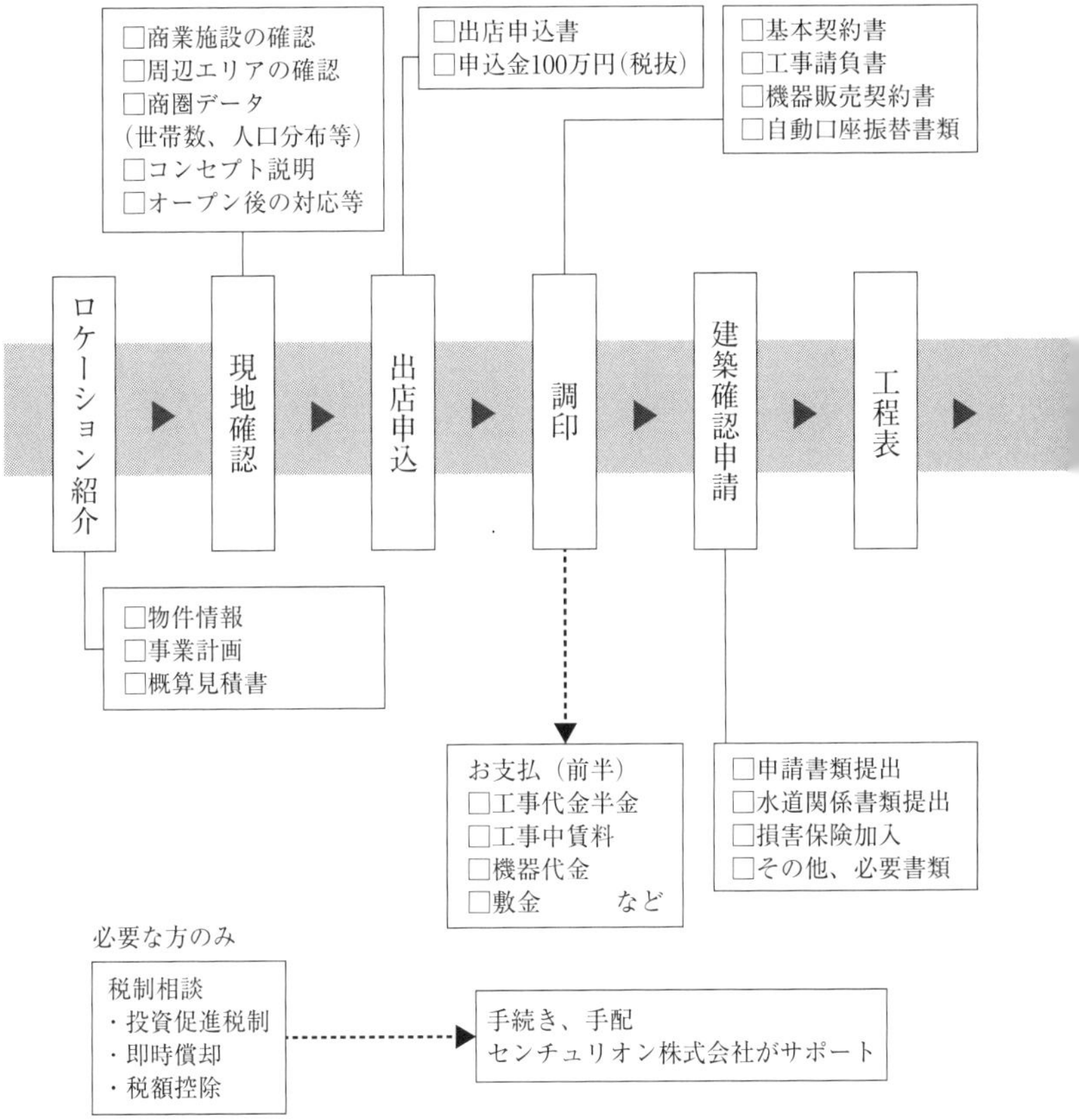
□商業施設の確認
□周辺エリアの確認
□商圏データ
(世帯数、人口分布等)
□コンセプト説明
□オープン後の対応等
□出店申込書
□申込金100万円(税抜)
□基本契約書
□工事請負書
□機器販売契約書
□自動口座振替書類
ロケーション紹介
現地確認
出店申込
調印
建築確認申請
工程表
□物件情報
□事業計画
□概算見積書
お支払（前半）
□工事代金半金
□工事中賃料
□機器代金
□敷金　　　など
□申請書類提出
□水道関係書類提出
□損害保険加入
□その他、必要書類
必要な方のみ
税制相談
・投資促進税制
・即時償却
・税額控除
手続き、手配
センチュリオン株式会社がサポート

第5章

コインランドリービジネスは中小企業の経営基盤を盤石にする

コインランドリーにたどり着いた理由

なぜコインランドリーなのか。

顧問を務めている企業の経営者たちによく聞かれる質問である。

そう思うのも不思議ではない。

私の本業はコンサルタントである。ランドリーマシンを売りたいわけではなく、コインランドリー市場を見るようになったのも数年前からのことだ。

主な業務としては、中期経営計画の策定とモニタリング、経営改善、財務コンサル、ファイナンスの支援、会計の仕組み化業務、などを行っている。支援先は売上規模1億～100億円の中小企業で、事業拡大の相談に乗ることもあるが、経営不振で悩む経営者の支援もする。

これまで16社の取締役に就任し、経営に参画してきた。さまざまな悩みを持つ経営者たちに、安定的に利益が出せる方法を提案してあげたい。そう思ったのが全ての始まりだった。

仕事柄、私はいろいろなビジネスモデルを見てきたし創ってもきた。また、支援先から経営に関するものや、個人的なものまでさまざまな相談を受けるため、経営者たちがどんなことに悩み、どんな課題を抱えているかも知っている。

その中で、安定経営、経営者の未来創造という視点で絞っていったら、現時点のベストアンサーとしてコインランドリー事業にたどり着いた。それだけのことなのだ。

もともとコンサルタントや会計顧問という仕事は中小企業と距離が近い。現場目線に立って一緒に改善していくこともできるし、経営者との距離も近いから理想や思いも共有しやすい。

一般的なイメージとして、財務コンサルや営業コンサル、税務コンサルや人事コンサルというようにコンサルタントは専門的な分野を担当し、その分野の中でベストの情報や解決方法を提案する。経営者たちもそれが普通だと思っている。

私はその点では特異なのかもしれない。

コンサルタントは自分の知識や経験から情報を提供したり「判断」したりするだけでなく、それを使って経営者の抱える課題を「解決」すること自体が仕事だと思っている。経営の安定化に貢献できる事業を提案することもその一つだ。

〝自分の手元に解決方法がないのであれば創ればいい〟

そのような思いの中、考え抜いて行き着いた結果が、スーパーやショッピングセンターと連携するコインランドリーのビジネスモデルであり、その事業をフランチャイズとして支援する仕組みなのである。

私がコンサルタントを目指した理由

私の父親は若い頃に独立し自分で事業をやっていた。私が生まれた頃は非常に景気がよく、私も毎回社員旅行に連れて行ってもらっていた。

しかし、私が8歳のとき、父は大きな金額の不渡り手形をつかまされて会社は倒産した。知識も情報もなく誰にも相談できず、また責任感の強かった両親は人に迷惑をかけてはいけないと、17年間借金を返し続けた。たった一度のミスが会社に致命傷を負わせる典型例だった。

私は会計事務所に入ってさまざまな制度を勉強し、入社2年目に父親の会社を私自身が整理した。もっと早くにいろんな手を打つことができたと思う事案だった。その3年後両親は離婚した。このとき、長い借金生活でガタガタになった家族関係を見て私は思った。世の中は金で買えないものがたくさんあるが、最低限の金もなければ守れないものもある。

学生時代に、早く親を楽にさせたいと思い30歳までに独立して、自分で事業を始めることを決意した。そのためにどんな業種が儲かるのか、どんな人間が成功するのか、経営にはどんな情報が必要なのか、実数値も含めて勉強するには会計事務所が絶好の勤務先だと思い就職した。

さまざまな会社や経営者を見るうちに、ずっと儲かる業種というものはなく、時代の変化に適応した会社が生き残るということを認識、また成功していく経営者の考え方を必死に吸収した。

そして、父親の会社のように情報の少ない中小企業の役に立ちたいと思い、30歳で中小企業のためのコンサルティング会社を立ち上げた。

長い間コンサルティングや会計業務をやっていると経営者とさまざまなことを共有する。いいことも悪いことも、ともに喜ぶし悲しむこともある。会社の成長を一緒に経験させてもらえる。これがコンサルタントの醍醐味だと私は思う。

今では、この仕事が私にとっての天職だと確信している。

私から見た中小企業経営者

私の仕事は、企業の創業からのお手伝いもすることが多い。

「こんな会社にしよう」「こんな仕事をしよう」「自分の人生をこうしたい」

社長たちは、そんな高い志と期待をもって出発する。

しかし、早い段階からいろんな壁が目の前に現れる。

まず、創業間もない経営者たちは資金調達に大変苦労する。実績のない会社への金融機関のハードルは、なかなか高い。

資金がないため、余剰人員や教育にかけるコストがない、社長自身が、営業本部長、総務部長、経理部長、人事部長を兼任している会社がほとんどだ。

そういった状況を乗り越え、会社を軌道に乗せていくのは大変なことである。

余談だが、日本で起業を目指す人は希少である。日本と海外の起業率を比べてみると、欧米先進国は10％前後だが、日本はその半分の約5％だ。

また、日本は起業に無関心な人が多く、全体の8割近くに及ぶそうだ。アメリカ人で無関心な人は2割くらいしかおらず、割合が逆転している。

そう考えると、起業した経営者たちは相対的に挑戦意欲があり、困難に向かっていく強い精神力を持っているといえる。

そういう経営者たちですら、資金繰りの問題、人の問題、想定外の出来事の対処が増えてくると精神的に衰弱していく。創業当初のモチベーションを維持することは、想像以上に大変なのである。

ある電気工事業者の社長は、私が初めて会ったときには売上高1億円、従業員数5人だった。社長は必死に10年間頑張り、売上も従業員数も10倍になった。社長に私が素晴らしいですねと言うと、社長が言う。

「確かに、取引先や銀行の信用もついてきて商売はしやすくなった。しかし売上10倍になった分借金も10倍、人が10倍になった分人の問題は15倍、これで自分の役員報酬は2倍になったが、とても割に合わない。自分の時間もなければ、日々やらないといけないことに追われて大変だ。いつまでこの不安定な状況を続けないといけないのだろう。昔に戻りたいよ」

確かにそのとおりだと思うし、この会社は売上が調子いいときはいいのだが、従業員が多い分売上が下がったときの赤字が大きい。規模が大きくなると、基盤がしっかりしていないとリスクも非常に大きくなる。

そして、私が出会った頃の少人数の時の社長のほうが輝いていた。

またあるとき、創業30年の製造業の社長と話をした。

その会社は家族経営で、社長と奥さん、社長の弟と社員が3人の会社だった。業界自体はあまり景気がいいわけではなかったが、取引先からの信用も厚かったため業績は横ばいだが家族が食べていくには十分だった。

社長はすでに70歳手前で、現場は体力的にもきつく、できれば引退したいと言っていた。なぜ引退できないのか。それは76歳まで住宅ローンが残っており、老後資金もなく会社から退職金をとれるだけの資金が会社にないからである。

そんな疲れた社長を見て、息子たちは跡を継ぎたくないという。

日本で廃業していく会社の半分は、後継者がいなくて廃業していく。後継者の問題は疲れている経営者が多いことも、一つの原因かもしれない。


世の中では、社長という立場で尊敬されていても、こういった経営者は非常に多い。

出発したときは経営者として「やりたいこと」があった。

ただ、それがいつしか「やらなければいけないこと」に変わっていく。理想を追っていたはずが、気づけば仕事に追われている。

仕事に追われる日々が続き、体も心も消耗していってしまう。

この2人の社長は、私は尊敬しているし決して敗北者ではない。それなりに事業を成功させて、従業員に給与を払い税金も納めている。

しかし、社長自身がとても疲れている。

ビジネスがうまくいく秘訣

私はビジネスがうまくいく方法について一つの考えを持っている。

ビジネスは売上の奪い合いや金の取り合いではない。周りの協力を得て価値を増幅させ、世間に発信することだ、という考えである。

過去に尊敬する経営者から聞いた話で、このイメージに近い話があるので紹介させていただきたい。

とても大きな釜に入った麺があり、その釜の周りにたくさんの人がいて、それぞれの人が自分の身長くらい長いフォークを持って麺を食べようとしているが食べられない。問題はフォークが非常に長いという点だ。

そのせいで、料理を食べたいのだが、柄が長すぎてなかなかうまく食べられないのである。さて、どうにかうまく食べる方法はないものか。実は、簡単に食べる方法がある。

それは、まず自分がすくった料理をほかの人に食べさせてあげる。今度はそのお礼に他人がすくった麺を自分に食べさせてもらう。まさにギブ・アンド・テイク、ウィンウィンの関係だ。

自分が自分がという意識を捨て、まずは相手のことを考える。その思いはやがて自分に返ってくるという考え方である。

うまくいっている会社は、取引先や社員に対して同様の考え方を持っていて経営に役立てている。

社長は自分の理想的な人生を実現したいと思っているはずだ。

しかし、社員たちには社員たちそれぞれの人生があり、社長の理想のために働こうとは考えない。つまり、それぞれお互いの人生を幸せにするために、会社が安定するという目的の共有ができていなければならないということである。

その目的共有の結果、社員が自発的、創造的に努力し、本来持っている能力とポテンシャルが発揮される。これによって本当の意味で会社が成長し強い経営基盤ができる。

取引先とも同じことがいえる。これは実務で多くの事例を見てきたが、取引先を共存共栄の視点から長年大事にしてきた会社がある。こういう会社は何かあったときの周りの協力支援の仕方が違う。業績が急に悪化した会社があり、銀行が融資からどんどん手を引いていく中、昔から付き合っている取引先が事情を知り、無条件で1億円を貸し付けしてくれた会社の事例も目の当たりにした。

今の激動の時代には、どうしても自社や自分のことばかり考えがちだが、こういうときにこそ、特にこのような考えが必要だと私は思う。

しかし、現状の激務や抱える問題がある中で、経営者が果たしてこのサイクルに入れるだろうか。

会社の借金や資金繰り、借金の連帯保証人、家族の生活、子どもの学費、自分の老後、さまざまな不安。やることが山積し、毎日の業務に振り回されて心の余裕がない状態で、周りを気遣うことができるだろうか。自分の未来が不安で仕方がないのに、社員たちの未来を作ってあげたいと本気で思うだろうか。

私も含め、なかなか難しいのではないか。

まずは、社長が現状に満足し、未来に不安のない状態にしなければならない。

そのうえで会社経営をすると、驚くほど流れが変わり成果が出る。社員や取引先の協力を得ることができ、世の中によりいいモノやサービスを提供できるようになる。

社長が輝き、社員たちも社長のようになりたいと思う。

そのような経営が、本来目指すべき姿なのではないかと思う。

経営者だから本当の経営をしてほしい

本来経営とは、経営資源（ヒト・モノ・カネ）を、いつ・どこへ・何を・どれだけ投入するかの戦略と戦術を練り、企業を存続させ発展させていくことだ。具体的には、会社のビジョンを明確にして社内で共有することも必要だろう。また会社を取り巻く環境は常に変化しているから、そこにも対応していくことが必要だろう。社長業は環境適応業ともいわれる。

未来のビジョンが明確でなく、環境や状況に振り回されていると、今の状況をコントロールしたいのに、今の状況に社長の心理がコントロールされてしまう。それでは場当たり的な判断の積み重ねとなりいい結果は生まれない。

事業の計画の3カ月先を見ることも重要だが、5年先10年先を見据えて、今何をやるべきかを考えることも非常に重要だと思う。しかし、これらの中期経営計画が立てられていて、本当の意味で経営の仕事ができている社長は非常に少ない。

このことに対処するコンサルティングスキームはあるし、実際たくさんの会社をお手伝いしている。しかしそういった技術的なことよりも重要なことがある。それは再三お話ししているように、社長の心理状態をいい状態に保っておくということだ。この道を行けばどうなるか、自分のやっていることは自分の未来にどう影響するのかを明確に把握することによって、未来を見据えて動いていく必要がある。

そこで私は、初めに社長の生涯のさまざまな視点からのライフプランを作成してから、これをもとに会社の事業計画を策定、この計画をわれわれがモニタリングしながらPDCAを回していくコンサルティングスキームを構築した。

自分の未来を設計し、それを実現するための会社の事業計画を作成する。会社の実績がこのとおりに進めば、自分のライフプランを実現できることを認識してもらい、自分の人生に期待感を持ってもらうのだ。不思議とこのプランを作成すると、社長はこれまで考えてこなかった従業員たちの未来を考え出す。これがいいサイクルなのだ。また、期待感と同様に大事なのは、未来のための資金的な安心感だ。

実はその一つのツールが、コインランドリービジネスなのである。

経営から引退するときに、退職金代わりとしてコインランドリーの店舗を現物支給で受け取る。店舗という現物は、現金と比べると流動性は悪いが、コインランドリーは毎月利益を出してくれる。時間とともに減っていく現金と違い、コインランドリーはお金を生み続けてくれるのだ。2店舗もあれば800万から1000万ぐらいの収入になるだろう。

コインランドリー事業は、経営だけでなく、経営者の老後の暮らしを安定させる効果が見込めるのだ。

引退してもある程度の収入が確保できると分かっていれば、将来に対する不安も軽くなり、経営者としてやりたいこと、実現したいことに集中し、社員たちの未来を創造する楽しみもできる。自分が動かなくても利益が出せる仕組みの不労所得があれば経営と社長のメンタルは安定するのだ。

ニーズはあるものではなく創り出すもの、ライフスタイルの提案

ある日、社会人アメフトチームの後輩から、友達と飲んでいるが今から来られないかと電話がきた。その後輩とも久しぶりだったし、ちょうど時間もあったので店に行った。店に行くと後輩と大学時代の同級生というI君がいた。たわいもない話をして

いたが、I君は私の乗っている車に興味があるようだった。

しばらく話をすると、I君は自分の名刺を出し、BMWの営業マンをしていると言い、新型のBMWの最新技術の説明をしだした。しばらく聞いていたが、私はI君に話した。「君の話は、BMWがどれだけすごいかの話ばかりでBMWを売ろうしているの？」と聞くとI君は、「はい、BMWの営業マンですから……」と面食らった顔で答える。

そこで私は、「僕はBMWには興味がない。もし僕に興味を持たせたいのなら、僕の心を動かそうと思うのなら、BMWのすごさではなく、BMWを所有していたり、運転したりしているライフスタイルをイメージさせたらどうだ。人はモノではなく、そのものと携わっている自分に興味があるんだ。BMWを売ろうとしてもだめだと思う、BMWに乗っているライフスタイルを売るべきだと思うよ」と話をした。

あとから聞いた話だが、I君はその後しばらくして、日本一の営業成績を収め社長に表彰されたらしい。

ここで重要なのは、何を提供するのではない、何かを提供したときに相手に何が起こり、どういった部分の幸福感を得てもらうかを認識することが重要なのだ。

私が実現したいと思っているのは、コインランドリーをたくさん作ることではない。オーナーにはコインランドリーを所有するライフスタイルを、利用者にはコインランドリーを利用するライフスタイルを提供することだ。

コインランドリーを使っている人は、短縮できた時間で好きなことができる。子どもともっとたくさん遊ぶことも家族でたくさん話すこともできる、趣味の時間を増やすなどして生活そのものを豊かにできる。

また、その時間の余裕ができることにより心のゆとりが生まれ、充実した生活を過ごすことができる。

店舗数が増え、利用者数が増えていった先には、コインランドリーで人生の質が高まるという展開もあり得ることだ。

この便利なライフスタイルを世の中に提案していけば、必ずニーズができる。需要をつかんで成長するだけでなく、コインランドリーそのものが新たな需要を創り出す。供給が需要を創り出すのだ。その日はそれほど遠くないとも思っている。

おわりに

本書で紹介したコインランドリー事業は、現在の店舗数が2万3000店舗といわれているが、全世帯の利用率が1%増えるだけで理論的には4000店舗が必要となる。最近では大型店が多いから、もう少し少ない店舗数かもしれないが、いずれにしても市場が拡大し、面白い業界になるだろう。

また、マーケティング戦略が構築されれば、さらに利用していない消費者を利用者にできる。現在は、供給が需要を創るタイミングにあると考えている。

このビジネスを事業として取り込めば、会社経営を安定させることも可能かもしれない。

これまで30年間、どういう会社がうまくいき、どういう経営者が成功するのか、という視点で客観的にたくさんの会社と経営者を見てきた。

これが正解かは分からないが、私なりのうまくいく会社と経営者の答えはこうだ。

☑ 未来に明確なビジョンがある。
☑ 目標が質と量ともに具体的で、そこに期限がある。
☑ ビジョンと目標が社内で共有できている。
☑ 目標を達成することを本気で決断していて、その達成に燃えている。
☑ 客観的視点から、自社や自分を観察でき、ともに成長したいと思っている。
☑ 会計で予実管理を行い、目標との相違を検証して、方針を補正できている。
☑ 提供する商品やサービスは、自社の目線ではなく顧客目線で考えられている。
☑ 努力よりも、何を努力すべきかを知っていることのほうが重要だと分かっている。
☑ できることや、やりたいことではなく、やるべきことをやっている。

☑ 常に、余力があるうちに次の手を打っている。
☑ 目の前で起こることに、心をコントロールされない。
☑ 自分の利益だけでなく、周りの利益を一緒に考えている。

私は、本来の会社経営は、自社の持っている商品や技術力、情報や専門的な知識などの価値を、世の中に提供しその対価を得て、社員とその家族の生活を安定させ、雇用の創出と納税を通して社会に貢献することだと思う。

また、このサイクルに入れば多くの会社が成功すると信じている。

しかし、私も含め経営者のほとんどは、自分や家族の生活のため、自分のよりよい人生のために事業を始める。しかも会社を経営している間に、さまざまな問題に直面し、また多くの責任を背負うこととなる。

自分の将来と会社の未来が、不安で心に余裕がない。そのような状況で社員の未来や他人のことを本気で考えられるのだろうか。それは酷というものだ。

私は、もしかしたらこのコインランドリー事業が、経営者の未来の不安を取り除き、いくらかの会社が、本来の経営のあるべき姿のサイクルに入れるのではないか、という期待も持っている。

いい会社がたくさんできれば、幸福感とやりがいを持った人が増える。子どもたちがそれを見て、早く大人になって社会で活躍したいと思う。そうすれば、より楽しい社会ができるのではないか。

流れ星が流れる間に、願い事を3回祈るとその願いは叶うという。流れ星の流れる時間と、人間の動体視力と反応速度から考えれば、物理的に不可能である。

このことは言い換えれば、流れ星が流れる瞬く間でも、願っていることは必ず叶うという意味だと私は思う。

私たちの事業が、少しでも誰かの役に立つことを願っている。

鈴木 衛

鈴木 衛（すずき まもる）

1970年生まれ。大学在学中に30歳で独立することを決意。ビジネス知識や経営・財務の情報構築のため、会計事務所に入所。ビジネスを成功させるためには、業種ではなく経営者の考え方と経営情報が重要であることを学び、30歳で中小企業のためのコンサルティング会社を設立。

2003年に友人の税理士と税理士事務所開設、副所長に就任。リーマンショック時、顧客の業績の悪化を目の前にしながら、コンサルタントとして効果的な手を打てなかったことに不甲斐なさを覚える。顧客同士のビジネスマッチングとコンサルティングを行う、株式会社ジーアイビーを設立。その後、顧客に安定したビジネスを提供できないかと模索し、コインランドリー事業に注目。数々のビジネスモデルを成功に導いてきた知識と経験を活かし、コインランドリーの新しいビジネスモデルを設計し展開する。その独自のマーケティング戦略は業界内で一目おかれ、現在まで延べ16社の取締役を歴任、さまざまな業種の経営に参画。携わった会社は1000社を超え、扱ったビジネスは100を超える。

2000年　中小企業のためのコンサルティング会社設立（現センチュリオンコンサルタンツ株式会社）
2003年　税理士事務所開設（現センチュリオン税理士法人）
2010年　商材のマッチング・コンサルティングを行う、株式会社ジーアイビーを設立
2015年　「ブルースカイランドリー」FC事業開始
2023年　株式会社ビーエスエル設立
2024年　GIブレーカー事業・GIboT事業開始
　　　　「ブルースカイランドリー」FC300店舗達成
［資格］MBA（AACSB＆AMBA認定）経営学修士、税法学修士

●注意

本書は情報の提供および学習を主な目的としたものであり、著者独自の調査に基づいて執筆されています。実際の投資・経営の成功を保証するものではなく、本書を用いたコインランドリー経営は必ずご自身の責任と判断によって行ってください。本書の内容に関して経営した結果については、著者および幻冬舎メディアコンサルティングはいかなる責任も負いかねます。

なお、本書に記載されているデータや法令等は、いずれも執筆当時のものであり、今後、変更されることがあります。

本書についての
ご意見・ご感想はコチラ

改訂版
デキル経営者だけが知っている
"稼ぐ" コインランドリー経営

2024年6月21日　第1刷発行

著　者　　　鈴木 衛

発行人　　　久保田貴幸
発行元　　　株式会社 幻冬舎メディアコンサルティング
〒151-0051　東京都渋谷区千駄ヶ谷4-9-7
電話　03-5411-6440（編集）

発売元　　　株式会社 幻冬舎
〒151-0051　東京都渋谷区千駄ヶ谷4-9-7
電話　03-5411-6222（営業）

印刷・製本　中央精版印刷株式会社
装丁　　　　田口美希

検印廃止

Printed in Japan
ISBN 978-4-344-94487-9　C0034
幻冬舎メディアコンサルティングＨＰ
https://www.gentosha-mc.com/